中国农业科学院
农业经济与发展研究所

研究
论丛

第 5 辑

● 本书为中央级公益性科研院所基本科研业务费
　专项资金资助项目

IAED

Research on the Development of Coarse Grain
Industry in China
——From the Perspective of Planting Structure Adjustment

我国杂粮产业发展
问题研究
——基于种植结构调整的视角

刘 慧 ◎著

中国财经出版传媒集团
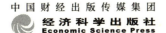
经济科学出版社
Economic Science Press

本书是我主持的国家自然科学基金青年项目"基于全产业链视角的欠发达地区杂粮生产综合效益评价研究"（项目编号：71403273）的成果总结，也是我近年来关于农业供给侧结构性改革背景下"镰刀弯"地区玉米结构调整研究的一个阶段性成果总结。

2011～2013 年做博士后期间，我首次接触到食用豆并持续跟踪调研。2009～2010 年，绿豆价格大幅波动，波动幅度远高于整个农产品的价格波动，引起社会各界广泛关注，原因也众说纷纭，我对此产生了浓厚兴趣，2012 年我申请并获得第 51 批中国博士后科学基金（项目编号：2012M510632）"中国绿豆价格异常波动：原因分析、影响测度和政策建议"。在随后查找资料、调研、完成调研报告、整理发表文章的过程中，逐渐了解到其他杂粮品种，对杂粮产业发展的认识也不断深入。为此，我的博士后出站报告题目为"我国杂粮价格波动与影响研究"，2013 年 7 月博士后出站后，我对出站报告进一步完善并于 2013 年 11 月由经济科学出版社出版了专著《我国杂粮价格波动与影响研究》，这都为我在该领域进行深入研究奠定了良好的基础。

2014 年我申请并获得国家自然科学基金青年项目"基于全产业链视角的欠发达地区杂粮生产综合效益评价研究"，在前期的调研中了解到，随着玉米比较效益的提高，杂粮主产区玉米面积继续增加、杂粮面积继续萎缩的局面持续发展。2015 年中央农村工作会议首次提出"农业供给侧结构性改革"，目标是提高农业供给体系质量和效率，使农产品供给数量充足、品种和质量契合消费者需要，真正形成结构合理、保障有力的农产品有效供给。《农业部关于"镰刀弯"地区玉米结构调整的指导意见》指出，"镰刀弯"地区是玉米结构调整的重点地区，这些地区往往也是杂粮优势、传统产区，杂粮是最适应自然环境恶劣地区的粮食作物，也是维持我国粮食供求平衡和实现粮食结构平衡的重要组成部分。杂粮营养价值高、用途广泛，需求前景广阔，在农业供给侧结构性改革的背景下，杂粮成为玉米结构调整的主要方向之一。因此，对中国杂粮产业发展的研究对于推进农业供给侧结构性改革、带动经济不发达地区农民脱贫致富具有重要的现实意义。

本书的调研资料主要来自中国农业科学院农业经济与发展研究所农产品市场与贸易政策创新团队在 2016～2017 年开展的大样本农户问卷调研。感谢团队首席研究员赵一夫先生对调研给予的大力支持，感谢我的同事周向阳、张宁宁协助完成调研，感谢硕士研究生王宏磊、李娟对问卷的录入整理，感谢内蒙古农业大学经济管理学院和吉林农业大学经济管理学院参与调研的师生。最后，感谢中国农业科学院农业经济与发展研究所对本书出版的大力支持与帮助。

由于作者水平有限，本书中难免存在一些不足。同时，由于玉米结构调整于 2016 年全面开展，对中国杂粮产业发展的影响研究资料积累较少，因此本书主要以描述性分析为主，希望能够起到抛砖引玉的作用。

刘 慧

2017 年 8 月于北京

目录

Content

第1章 导论 ………………………………………………… **1**

1.1 问题的提出及研究意义 / 1

1.2 国内外研究现状 / 2

1.3 主要研究内容 / 14

第2章 中国杂粮产业发展现状 …………………………… **16**

2.1 杂粮生产概况 / 16

2.2 杂粮产品需求前景 / 23

2.3 主要杂粮品种市场情况 / 31

2.4 杂粮加工产业发展现状 / 38

2.5 本章小结 / 40

第3章 吉林省种植结构调整进展情况调查 ……………… **42**

3.1 吉林省杂粮生产概况 / 43

3.2 吉林省种植业结构调整进展 / 49

3.3 基于农户问卷调查的分析 / 51

3.4 本章小结 / 57

第4章 内蒙古种植结构调整进展情况调查 ……………… **59**

4.1 内蒙古杂粮生产概况 / 60

4.2 内蒙古种植业结构调整进展 / 68

4.3 基于农户问卷调查的分析 / 70

4.4 本章小结 / 76

第5章 辽宁省种植结构调整进展情况调查 ················ **77**

5.1 辽宁省杂粮生产概况 / 78

5.2 辽宁省种植业结构调整进展 / 84

5.3 基于农户问卷调查的分析 / 85

5.4 本章小结 / 91

第6章 河北省种植结构调整进展情况调查 ················ **93**

6.1 河北省杂粮生产概况 / 94

6.2 河北省种植业结构调整进展 / 101

6.3 基于农户问卷调查的分析 / 102

6.4 本章小结 / 109

第7章 结论和政策建议 ································ **111**

7.1 研究结论 / 111

7.2 政策建议 / 114

7.3 进一步研究的建议 / 116

附录1 农业部关于"镰刀弯"地区玉米结构调整的指导意见 ········ 117

附录2 全国种植业结构调整规划（2016～2020年） ·············· 125

附录3 2016年全国杂粮生产指导意见 ························· 141

参考文献 ··· 146

第 1 章

导　论

1.1　问题的提出及研究意义

2015 年 11 月 10 日，习近平总书记在中央财经领导小组第十一次会议上讲话，首次提出"供给侧改革"。12 月，中央经济工作会议强调，要着力推进供给侧结构性改革，推动经济持续健康发展。按照创新、协调、绿色、开放、共享的发展理念，加大结构性改革力度，矫正要素配置扭曲，扩大有效供给，提高供给结构适应性和灵活性，提高全要素生产率。2015 年中央农村工作会议首次提出"农业供给侧结构性改革"，目标是提高农业供给体系质量和效率，使农产品供给数量充足、品种和质量契合消费者需要，真正形成结构合理、保障有力的农产品有效供给。2016 年中央一号文件提出推进农业供给侧结构性改革，在"优化农业生产结构和区域布局"中提出，树立大食物观，面向整个国土资源，全方位、多途径开发食物资源，满足日益多元化的食物消费需求。大力发展旱作农业、热作农业、优质特色杂粮、特色经济林、木本油料、竹藤花卉、林下经济。2016 年中央农村工作会议提出要深入推进农业供给侧结构性改革，首先要把农业结构调好调顺调优。2017 年中央一号文件《中共中央 国务院关于深入推进农业供给侧结构性改革 加快培育农业农村发展新动能的若干意见》中，在"统筹调整粮经饲种植结构"部分提出，粮食作物要稳定水稻、小麦生产，确保口粮绝对安全，重点发展优质稻米和强筋弱筋小麦，继续调减非优势区籽粒玉米，增加优质食用大豆、薯类、杂粮杂豆等。

2015 年中国粮食产量"十二连增"后，农业结构性矛盾开始显现。三大主粮中，玉米阶段性过剩问题最为严重，产量、进口量、库存量"三量齐增"日益突出。2015 年 11 月，农业部发布了《农业部关于"镰刀弯"地区玉米结构调整的指导意见》，"镰刀弯"地区包括东北冷凉区、北方农牧交错区、西北风沙干旱区、太行山沿线区及西南石漠化区，在地形版图中呈现由东北向华北—西南—西北镰刀弯状分布，是玉米结构调整的重点地区。该地区是典型的旱作农业区和畜牧业发展优势区，生态环境脆弱，玉米产量低而不稳。力争到 2020 年，"镰刀弯"地区玉米种植面积稳定在 1 亿亩，比目前减少 5000 万亩以上，重点发展青贮玉米、大豆、优质饲草、杂粮杂豆、春小麦、经济林果和生态功能型植物等，推动农牧紧密结合、产业深度融合，促进农业效益提升和产业升级。《全国种植业结构调整规划（2016～2020 年）》提出，薯类杂粮要扩大面积、优化结构，加工转化、提质增效，到 2020 年，薯类杂粮种植面积达到 2.3 亿亩左右。按照"营养指导消费、消费引导生产"的要求，开发薯类杂粮营养健康、药食同源的多功能性，广泛应用于主食产品开发、酿酒酿造、营养保健、精深加工等领域，推进规模种植和产销衔接，实现加工转化增值，带动农民增产增收。

杂粮是最适应自然环境恶劣地区的粮食作物，也是维持我国粮食供求平衡和实现粮食结构平衡的重要组成部分。杂粮营养价值高、用途广泛，需求前景广阔，在农业供给侧结构性改革的背景下，杂粮是玉米结构调整的主要方向之一。因此，对中国杂粮产业发展的研究对于推进农业供给侧结构性改革、带动经济不发达地区农民脱贫致富具有重要的现实意义。

1.2 国内外研究现状

1.2.1 关于杂粮生产的研究进展

农业除了提供农产品的经济功能外，同时还具有社会、生态等非经济功能（Yoshida，2001）。杂粮是欠发达地区传统的粮食作物和重要的经济作物，具有重要的经济、社会和生态效益。在我国，杂粮一般指除水稻、玉米、小麦以外的谷物和除大豆以外的豆类及薯类（陈永福等，2008），进一步可将其分为其他谷物类、食用豆类和薯类三大种类。FAO统计口径中没有杂粮这一类别，国外学者基于大类或具体品种进行了相关的研究。

1. 国外关于杂粮生产和粮食安全的研究

营养状况是衡量一个国家发展的重要指标，也是最大化激发个人潜力的重要保证，无论从国家层面还是家庭层面考虑，都应该提倡粮食生产的多样化，而发展适应当地生产条件的传统粮食作物是改善家庭粮食安全水平的有效途径，也有助于降低生态环境恶劣地区的生产风险（Di Falco et al.，2009；Singh et al.，2012）。

小米和高粱是中非、东非和印度部分地区主要粮食作物之一，其适应性广、营养价值高、耐储存等特点对保障粮食安全有重要贡献，同时也是这些地区许多农村人口获取蛋白质和各种矿物质的主要来源（Ketema，2008；Fetene et al.，2011）。近年来，小米的种植和消费重新被关注，印度政府正在实施通过强化推进小米种植的营养安全倡议（INSIMP）。然而，印度关于本国小米的特性和在农业生产和营养方面潜力的研究和认识还远远不足，消费者更倾向于国际品牌（Cristina，2012；Banerji et al.，2016）。大麦是干旱、贫瘠地区贫困人口重要的农作物，食用大麦常常是最适合高原、山区种植的粮食作物，改善以食用大麦为主要粮食作物的农村人口的生计不仅需要提高食用大麦的生产效率，而且需要提高其质量、减少生产过程中的人工投入和发展当地的大麦加工企业（Grando et al.，2005；Mohammed et al.，2016）。在许多发展中国家，作为基本的低脂肪、高纤维的蛋白质来源，食用豆是传统食物的必要组成部分，对低收入国家的粮食安全具有特殊意义（CICILS-IPTIC，2014）。食用豆富含钙、铁、赖氨酸等多种人体必需的营养物质，世界粮食计划署在推荐的日常饮食构成中，包括谷物、食用豆、食用油、糖和食盐（WFP，2014）。豆科作物根系发达，固氮能力强，大宗粮食作物和食用豆轮作可以改善粮食安全状况。实验表明，冬闲地种植食用豆可以改善土壤肥力，提高一季稻产量；在稻米—小麦轮作的空隙种植食用豆能提高主要粮食作物的产量（Pokhrel et al.，2013）。自古以来，食用豆对丰富中国的食物资源和耕作制度的发展都作出了重要的贡献。但是中国加入 WTO 后，进口的增加导致国内食用豆种植收益下降，国内食用豆的播种面积和产量都在减少（Li et al.，2016）。在膳食平衡的饮食结构中，粮食的摄入相对较低，但对于发展中国家而言，获取的食物有限，粮食的摄入仍较高。人口不断增加是发展中国家面临的主要问题之一，种植产量高的农作物是许多国家增加农产品供给的唯一选择（Azimuddn et al.，2009），产量较高的薯类也就成了这些国家粮食安全的重要保障。甘薯适应性广、病虫害较少、营养价值高，深受边远地区农民的欢迎（Widodo et al.，2015）。马铃薯是继稻谷、小麦之后的世界第三大粮食作物，中国是世界上最大的马铃薯消费国，预计未来 20 年增加的粮食产量中 50% 来自于马铃薯（Stewart et al.，2012）。

2. 国外关于杂粮生产和缓解贫困的研究

经济发展是反贫困的最重要条件之一。然而，包括中国在内的一些发展中国家经验表明，经济增长并不必然导致贫困的减少，只有有利于贫困人口的经济增长方式才会对反贫困带来直接的效果（Word Bank，2001）。贫困的类型很多，由于自然条件恶劣、生态环境脆弱而使经济发展无法提高造成的贫困即生态贫困（Turner，1993），已有的实践表明，大力发展农业在生态型反贫困问题中起到了重要作用（IRRI，2005）。

农业生物多样性在粮食安全、贫困减少和自然资源保护方面都有极其重要的作用，不断改变的社会经济和气候状况正在导致生物多样性减少和生态系统退化，因而迫切需要增加粮食种类以确保可持续发展。小米抗旱、营养价值高，适宜种植在贫瘠的土地上，是干旱、半干旱地区的一种理想的应对贫困和营养不良的粮食作物（Ullah et al.，2017）。在印度，小米主要被低收入群体消费，大部分中等收入人群还没有意识到它的营养价值，因此，减少干旱、半干旱地区的贫困需要通过诸如开发新产品、提高附加值等一系列措施的实施（Saravanan et al.，2010）。相对于单一耕种，轮作可获得许多农学的、经济的和环境的益处。适宜的轮作模式可以增加土壤的有机质、改善土壤结构，长期来看能够增加产量并获得更大的利润。尼泊尔的实践表明，豆类与谷物轮作可以改善土壤肥力、遏制水土流失、提高土地使用效率，进而通过增加粮食产量使生产者获得更多收益，采用稻米—豆类—秋季蔬菜的轮作模式与传统的种植模式相比，农民每年收入增加400%（Regmi，1987；Pokhrel et al.，2013）。马铃薯主要由小农户种植，是印度、孟加拉国等国重要的粮食和经济作物，提高马铃薯等粮食作物的产量有助于缓解这些国家农村人口的贫困，然而产量增加不一定导致贫困减少，还需要采取迎合消费需求、开发新产品等以市场为中心的策略（Thomann et al.，2009）。甘薯营养价值高、生产投入低、适应性广、用途多样，能在干旱地区生长，对水和肥料的需求较少，发展中国家生产了总产量的95%。近年来，甘薯的国际市场需求逐年增加，为改善肯尼亚、乌干达、尼日利亚等国的食物安全状况和通过增加收入减少贫困提供了可能，然而不能获得充分的市场信息限制了这种潜力的发挥（Mukras，2013；Widodo et al.，2015）。

3. 国内关于杂粮生产的研究

国内学者关于杂粮生产的研究，从分析角度来看，分为全国和地区；从内容来看，主要集中在发展前景、生产现状、对策建议及杂粮价格波动等方面。

我国是世界上著名的盛产杂粮的国家，享有"世界杂粮王国"的美誉，多个杂粮品种的种植面积和产量均居世界前列。杂粮产业是我国的优势产业之一，我国是世界上主要的杂粮出口国，虽然出口总量不是很大，但出口的经济效益显著（刘德宝，2003；郭志利，2005；张丽丽，2012）。杂粮营养价值高，随着人们生活水平的不断提高和膳食结构的改变，消费者对杂粮消费的重要性有一定的认知，在日常饮食中注意到了杂粮的膳食搭配作用，杂粮收入弹性较高，因而能够受到经济增长的持续拉动（李玉勤等，2013）。杂粮在我国分布很广，各地均有种植，但主产区相对比较集中，主要分布在我国自然环境恶劣、土地贫瘠、水资源短缺的贫困地区，很少使用农药与化肥，因此，多数杂粮远离各种污染，是一种无公害、绿色食品，且具有较好的固氮和改良土壤能力，在种植业结构调整中具有重要地位。杂粮收入在当地农民的收入中占有重要地位，是当地农民的主要收入来源，杂粮是我国贫困人口的主粮，也是最适应自然条件恶劣地区的粮食作物，杂粮生产的发展关系到贫困家庭粮食安全和营养，是我国贫困地区粮食安全的重要保障，也是贫困地区减贫的重要手段（陈永福，2008；丁声俊等，2008；沙敏等，2015）。

然而长期以来，在中国粮食安全中占主导地位的一直是大宗粮食作物，杂粮处于辅助地位。杂粮产业的发展存在一系列问题：种植分散，生产方式落后，产品质量不稳定；加工水平较低，产品附加值低；科研力量薄弱，品种陈旧；政策扶持力度不大，农户种植积极性不高，等等。为此，学者们对于促进杂粮产业的健康发展提出了若干政策建议，主要包括：（1）加大对杂粮生产的支持力度。一是加强基础设施建设，提高生产能力；二是将杂粮列入补贴范畴，提高农民种植积极性。（2）加大农业科技投入力度，加快优良品种的繁育、引进和推广。（3）重点扶持杂粮加工龙头企业，延长产业链，提高附加值。（4）建立储备调控机制，引导杂粮市场平稳健康运行。（5）构建以种植适当集中、依托产业组织和实施品牌战略为主要内容的杂粮产业化体系（柴岩等，2007；程羚，2008；牟少岩等，2014；刘猛等，2016；张大众等，2017）。

我国杂粮品种众多，区域优势突出，如内蒙古乌兰察布的马铃薯、山西岢岚的红芸豆、吉林白城的绿豆等名扬中外。因此，也有不少学者对某一地区的杂粮产业或某一杂粮品种进行了研究，总体来看，研究地区主要集中在中西部省份，如山西（张雄等，2007；籍增顺，2007；李玉勤，2010；刘慧等，2013）、甘肃（姬永莲等，2009；王晓娟等，2009；张碧琳，2012）和贵州（朱怡，2011；韦伟等，2012）等地，研究的内容涉及杂粮的生产、加工及科研现状、竞争力分析、发展对策以及杂粮作物的干旱适应性与生产可持续发展等众多方面。具体到某一类杂粮的发展研究，以谷子的研究居多，研究的内容包括产业发展的现状与未来发展趋势（刁现民，2011；李兴峰等，2014；刘猛等，2015；李建兵等，2015）、小米的营养价值与产品开发问题（王军锋等，2012）、农户的种植行为分析（李玉勤，2010）、发展优质谷子种植的建议（曹幸壮等，2012），等等。

1.2.2 关于杂粮营养价值的研究进展

1. 国外关于杂粮营养价值的研究

营养状况是衡量一个国家发展的重要指标，也是最大化激发个人潜力的重要保证，无论从国家层面还是家庭层面考虑，都应该提倡粮食生产的多样化（Singh et al.，2012）。

高全谷物消费量反映了一种健康的饮食习惯及生活方式，它可以帮助人们保持较低的体脂（Giacco et al.，2011），因此，各国膳食指南都将全谷物作为需要增加摄入的食物列入其中，美国膳食指南多次强调用全谷物取代精制谷物并至少占总谷物的一半，同时将精制谷物列为需要减少摄入的食物（Fetene et al.，2011；Aune et al.，2013）。食用豆是许多发展中国家居民基本的低脂肪、高纤维的蛋白质来源，它富含钙、铁、赖氨酸等多种人体必需的营养物质，所有的"食品篮子"和膳食指南中都包括食用豆，如世界粮食计划署在它的"食品篮子"中就包括每日60克的食用豆（Global Pulse Confederation，2016）。马铃薯是很好的、低脂肪的碳水化合物来源，卡路里含量是面包的1/4，煮熟后蛋白质含量远高于玉米，钙含量近乎玉米的两倍，一颗中等大小的带皮马铃薯可提供推荐的每日纤维摄入量的10%。甘薯是很好的碳水化合物、纤维和微量营养素来源，125克的鲜甘薯可满足一名学龄前儿童一天所需的β-胡萝卜素（International Potato Center，2016）。美国2015~2020版膳食指南更强调营养素密度，即一定量食品中某种微量营养素的数量和其中所含热量的比值。按营养素密度来选择多样化的食物，各种粮食的热量值大同小异，那么只要优先选择其中维生素含量最高的全谷杂粮，营养素密度就提高了（U. S. Department of Health and Human Services and U. S. Department of Agriculture，2015）。

慢性非传染性疾病（简称"慢性病"）是21世纪面临的一项重要健康和发展挑战，主要包括心血管疾病、癌症、慢性呼吸系统疾病和糖尿病。2012年，全球约5600万人死亡，其中3800万（68%）死于慢性病，任何一个政府都难以负担不断增加的慢性病带来的经济负担（WHO，2014）。实际上，慢性病是可以有效预防和控制的疾病。杂粮普遍具有防治高血压、糖尿病、肥胖症等慢性病的功效。饮食中包含食用豆是一种推荐的健康饮食方式，也有助于降低几种慢性病的风险（Mudryj et al.，2014）。小米富含钙、膳食纤维、酚，具有抗糖尿病、抗肿瘤、抗动脉硬化、抗氧化和抗菌的功效（Devi et al.，2014）。白色可食用的高粱粉约含有10%的蛋白质和3.3%的脂肪（主要是不饱和脂肪），都高于小麦，还富含碳水化合物、微量元素、不溶性纤维，同时也是保健品中预防疾病的酚类、鞣质、抗氧化剂的潜在来源（Pontier et al.，2016）。苦荞含有多种营养素，包括生物活性碳水化合物、蛋白质、多酚、植物甾醇、维生素、类胡萝卜素和矿物质，其独特的成分有助于抗氧化、抗癌、降血压、糖尿病、降胆固醇和改善认知（Fan Zhu，2016）。

2. 国内关于杂粮营养价值的研究

2008年1月发布了《中国居民膳食指南》，目的是帮助我国居民合理选择食物，并进行适量的身体活动，以改善人们的营养和健康状况，减少或预防慢性疾病的发生，提高国民的健康素质。其中一般人群指南中第1条就是"食物多样，谷类为主，粗细搭配"，平衡膳食宝塔塔底是谷类、薯类及杂豆和水，谷类、薯类及杂豆每天推荐摄入量为250～400克（中国营养学会，2012）。根据《中国居民营养与慢性病状况报告（2015年）》中指出的我国居民面临营养缺乏和营养过剩双重挑战的情况，结合中华民族饮食习惯以及不同地区食物可及性等多方面因素，《中国居民膳食指南(2016)》于2016年5月13日向社会发布，其中一般人群指南中第1条就是"食物多样，谷类为主"，每天的膳食应包括谷薯类、蔬菜水果类、畜禽鱼蛋奶类、大豆坚果类等食物。平均每天摄入12种以上食物，每周25种以上。每天摄入谷薯类食物250～400克，其中全谷物和杂豆类50～150克、薯类50～100克（中国营养学会，2016）。

大量研究表明，杂粮普遍具有防治心血管疾病、防治肥胖、抗肿瘤、保护神经等作用。杂粮的某些微量元素，例如铁、镁、锌、硒的含量要比细粮多一些，钾、钙、维生素E、叶酸、生物类黄酮的含量也比细粮丰富。杂粮含有丰富的营养素，如燕麦富含蛋白质，小米富含色氨酸、胡萝卜素，豆类富含优质蛋白，高粱富含脂肪酸及丰富的铁，薯类含胡萝卜素和维生素 C。此外，杂粮还有减肥功效，如玉米还含有大量镁，镁可加强肠壁蠕动，促进机体废物的排泄，对于减肥非常有利（侯雪梅等，2014；赵阳等，2014；许菲，2014；王坚强等，2015）。然而，根据 2010～2012 年中国居民营养与健康状况监测结果，杂粮消费率及摄入量仍较低，每天达到 50 克的人群比例不足 15%，并且种类较为单一，其中豆类摄入量 11 克，仅达目标消费量 36 克的 31%。从不同地区杂粮的消费率来看，从高到低依次为大城市、贫困农村、中小城市、普通农村。在杂粮消费者中杂粮的摄入情况，按地区看，大城市、中小城市、普通农村、贫困农村杂粮消费人群中杂粮摄入量依次增加。按年龄分组看，除贫困农村外均呈现粗杂粮消费者年龄越大，粗杂粮摄入量越高，而贫困农村 45～59 岁组消费者摄入量最高，不同性别杂粮消费者之间杂粮摄入量无明显差别（赵丽云等，2015；何宇纳等，2016）。从东、中、西部省会城市的调研情况看，潜在的杂粮消费者众多，杂粮主食加工业蕴藏着巨大的利润空间，内蒙古在马铃薯规模化生产、品种结构优化、种薯产业发展、加工转化能力提高、主食产品开发方面取得了一定成效（沙敏等，2016；刘慧等，2016；刘慧等，2017）。

1.2.3 关于农户生产决策行为的研究

1. 国外关于农户生产决策行为的研究

农户是发展中国家最为主要的经济组织，农户理论是建立农户模型的基础，农户模型被广泛用来分析发展中国家农户生产决策行为。随着农户理论研究的深入和经济发展、政策干预等因素的变化，农户追求的目标也在变化，但是认为农户追求最优化决策已成为多种农户理论的一个共同点（Taylor et al.，2003）。根据文献资料，研究农户行为的主要有三种经济学理论。这些理论聚焦于与农户的目标函数相关的以下假设（Mendola，2007）。（1）利润最大化理论。舒尔茨（Schultz，1964）假设存在完全竞争的市场环境，农户以获取利润最大化为目标，在自己的农场上进行农业生产活动，农户的生产要素配置行为是符合帕累托最优原则的，因而认为小农经济是"贫穷而有效率"的。（2）效用最大化理论。该理论认为农户从事农业生产的目的不是为了追求利润最大化目标，而是为了满足自身对农产品的需求，即农户追求效用最大化目标。代表人物是恰亚诺夫（Ellis，1993），他提出了著名的"劳动—消费均衡论"，认为农户生产和消费的均衡条件是消费的边际效用与休闲的边际效用相等。（3）风险规避理论。该理论假定农户在考虑到风险和不确定因素情况下追求的是期望目标最优化。农户的经济行为实际上是符合生存法则的，在经济活动中常常表现出来的一些似乎无法理解的行为恰恰是出于避免损失的理性考虑（Roumasset，1976；Morduch，1993），因此，舒尔茨所阐述的"贫穷而有效率"的观点是极端的和错误的（Lipton，1968）。此外，部分参与市场的农户理论和分成制理论也较为流行。

苏联经济学家恰亚诺夫（Chayanov）在20世纪20年代建立的分析苏联小农的模型应该是最早将农户行为模型化的，模型主要用来研究俄罗斯农民对劳动力在工作与休闲之间的时间分配行为。日本经济学家中岛（Nakajima）在技术上拓展了这一理论并将它用于研究更广范围内的问题，他认为农户是集农业企业、劳动力户和消费户于一体，追求效用最大化目标。巴纳姆（Barnum）等（1979）进一步发展了农户模型，在农户模型中引入部分新家政学中的概念，即把农户生产的消费品加入农户模型中，并允许存在劳动力市场，它的重要之处在于为分析和预测农户对家庭情况变化和市场环境变化的反应提供了理论框架。巴德汉等（1999）给出了一个在市场完善条件下的标准农户模型，认为农户的效用最大化决策过程分为两个阶段：在第一个阶段，农户进行生产决策以实现利润最大化目标；在第二个阶段，农户通过选择消费和闲暇组合来达到其效用最大化目标，这就是农户在市场完善条件下生产决策和消费决策的"可分性"特征，然而很多对发展中国家农户行为的研究表明，可分性并不存在（Jacoby，1993；Udry，1996）。农业方面的决策是农户根据农业生产、农村生计和自然资源等相互联系的多维约束条件做出的反应。现实中，农户生产决策时常常考虑多个目标，一般有利润最大化目标、风险最小化目标、劳动力投入最小化目标等（Bazzani et al.，2005），并且由于存在许多诸如政策等干预因素，农户追求的目标不总是固定的，有可能慢慢发生变化（Huylenbroeck et al.，2001）。多目标决策理论被认为能够更真实地描述和预测农户行为，近年来越来越多的学者逐渐重视农户决策的多目标性（Multi-criteria decision making，MCDM）（Gómez-Limón et al.，2004；Riesgo et al.，2006；Hayashida et al.，2012）。将单一目标农户决策模型应用到农户生产决策行为分析中的研究也众多，如农业生产市场化是增加撒哈拉以南的非洲小农户收入、增加劳动力雇佣、激发农村经济活力的一种有效有段之一，但是不同的产品作用程度是不一样的（Barrett，2008；Olwande et al.，2015）；作物多样化是小农户在诸如气候变化等极端情况下采取的、减少他们生计脆弱性的一种策略，多样化不仅会增加潜在的市场需求农产品的供给，还会改善农业系统功能（Lin，2011）；家庭收入、耕地规模、接触农业推广人员的难易程度、环境条件的适合性都影响着小农户作物多样化决策（McCord et al.，2015）；土地市场对于小农户的重要性不言而喻，完善土地市场对于提高生产率有巨大潜力（Deininger et al.，2016）。

2. 国内关于农户生产决策行为的研究

影响农户生产、消费和劳动力供给决策的因素有许多，如自身的需求、面对的资源、社会经济环境、干预政策等，而农户在这三个方面的决策又会显著影响政策的执行效果和国家宏观层面目标的实现（张林秀，1996）。黄宗智"拐杖"逻辑下的传统农户是以中国小农经济存在着严重的"过密化"这一事实为前提的，并认为"过密化"是因为农户家庭不能解雇多余的劳动力而造成的。随着农业产业结构调整、农村经济的商品化与市场化的发展，传统农户经历了来自不同层面、不同力度的冲击，使传统农户在人多地少、劳动密集的状况没有发生多大改变的情况下出现了分化，进而形成了具有不同倾向性的、特征显著的农户（陈春生，2007）。学者们根据研究目的的不同，对农户类型做出了不同的划分：孔祥智（1999）根据农业和农村经济市场化进程的不同阶段（初级、中级、高级），对应地将中国农户这个群体分成三种类型；林政等（2007）按照适应农业生产力发展要求的程度，把农户分成传统型农户、半现代型农户和现代型农户；王春超（2009）根据农户面临的外部环境和内部资源禀赋状况，将农户分为生存压力型农户、效益追求型农户、经济发展型农户，并且认为不同类型农户诱发就业决策行为的发生机制是存在差别的。徐玉婷等（2011）根据农户的生产目标及与市场联系的紧密程度将农户划分为消费型农户和利润型农户。

农户的生产行为是由农户所处的农业生产力水平所决定的，并非是先天注定的，有什么样的农业生产力，就有与之相适应的农户生产行为（林政等，2007）。近年来关于农户行为的研究得到了快速发展，各类学术刊物上出现了大量关于农户选择行为的实证研究，主要集中在生产经营投入、生产规模选择、农业科技技术采纳、新作物品种使用等方面。从这些针对农户具体行为的实证研究中可以发现，虽然涉及范围相当广，但影响因素归纳起来却基本相同，主要包括：户主的个人特征，家庭生产经营特征，家庭社会关系特征，政策环境、地理特征等（辛翔飞等，2005；毕继业等，2010；汪阳洁等，2012；郜亮亮等，2013；刘新智等，2015；薛彩霞等，2016）。农户是我国农业生产经营的主体，农户生产决策行为是诱发我国农业结构调整的微观基础，实现我国农业结构的良性调整应以尊重农户意愿为前提，并以提高农民的收入为根本目的（胡豹等，2005；黄祖辉，2005）。实际上农户的生产决策过程是考虑多个目标的，一般有利润最大化目标、风险最小化目标、减少家庭劳动力投入等目标（刘莹等，2010）。在市场化改革的背景下，多数农户会首先比较不同农作物的市场销售价格，选择种植那些市场销售价格相对较高的农作物来增加家庭总收入，而从市场上购买生活所需食品和无法自给自足的农产品。大多数农户生产结构和商品化水平似乎取决于市场统一价格和农户个别生产成本之间的差距（刘帅等，2011；刘帅，2013）。基于农户面对市场信号变动时采取的实际生产经营行为与市场配置资源的逻辑相一致的程度，将"农户市场化水平"作为区分当前农户类型的重要指标，研究显示，目前中国农户的市场化水平还不高，其生产经营行为很难根据市场配置资源的逻辑来进行调控（程名望等，2016），这是农业政策经常出现偏差的重要原因。充分评估农业政策目标农户的类型，并从显著影响农户市场化水平的因素入手来选择合理的调控手段，将有助于缩小政策偏差、提高农业政策的有效性（钟真等，2013；马士雄等，2013）。农业结构的变化和调整推动了我国农业发展。研究表明，上期播种面积和上期自身价格是农户调整种植结构的主要影响因素。短期看，农户对价格变动的正向反应较弱，而长期则明显增强（林大燕等，2015）。2004～2012 年我国粮食产量实现"九连增"，东北地区是全国粮食种植结构调整幅度最大、贡献也最为显著的区域，占结构调整对全国粮食增产总贡献率的 70%，2003～2011 年，东北地区玉米、稻谷播种面积在粮食总播种面积中的比例分别提高了 9.8%、5.0%，分别比全国平均水平高出 3.7%、4.5%，而同一期大豆、其他粮食作物的播种面积在粮食总播种面积中的比例分别减少了 8.1%、7.2%，均显著高于全国的平均降幅，东北地区的结构调整预期将对全国整体的结构调整走势产生十分重要的影响（朱晶等，2013）。"镰刀弯"地区玉米结构调整是进一步优化种植结构和区域布局，提升农业的效益和可持续发展能力的重要举措，玉米种植农户的问卷调查结果分析表明，近几年随着种植收益的下降，农民普遍有减少玉米种植面积的意愿，但也面临着一些制约因素（刘慧等，2017）。

1.2.4　国内外相关文献述评

综合国内外研究现状及发展动态，可以发现国内外学者主要从发展中国家贫困人口粮食安全、缓减生态贫困、杂粮营养价值的视角对发展杂粮产业的意义进行了阐述，普遍认同杂粮生产具有显著的经济、社会和生态效益；农户是种植结构调整的微观基础，也是国家实现宏观种植结构优化目标的最终实施者。这些研究成果构成了本研究的基础，也为本研究指明了方向，但在研究视角、研究内容等方面还存在一些不足。

第一，有关杂粮生产发展的研究。尽管国内外绝大多数学者研究杂粮单一品种且具有较强的地域性，但是国内学者普遍认同没有相应的支持政策是中国杂粮生产萎缩的主要原因之一。在农业供给侧结构性改革的背景下，杂粮成为农业结构调整的主要方向之一，为此，国家和地方出台了一系列的支持政策，为杂粮的生产发展提供了机遇。但是，玉米结构调整 2016 年全面实施，相关研究刚刚起步，政策本身也在不断完善中，需要跟踪研究进展情况。

第二，有关农户生产决策行为的研究。在当前全球粮食供求关系宽松的背景下，粮食价格市场化必将使主产区小农户种粮收入大幅减少，进而影响生产决策，小农户生产决策行为是诱发我国种植结构调整的最主要微观基础。小农户数量庞大、分布广泛、市场竞争意识较差，对粮食价格市场化后销售渠道、销售价格的变化需要一个适应过程，市场竞争意识的提高也需要时间。小农户的生产决策行为是动态的，是基于多目标的，不同类型小农户生产决策行为是不同的，小农户的生产决策调整还将直接影响到农民收入和社会稳定，已有的研究难以反映现实情况。如何引导小农户微观生产决策调整方向，从而实现国家宏观种植结构优化目标成为学者们和政策制定者最关注的问题之一。

1.3 主要研究内容

本书的主要内容分为三部分。

第一部分：中国杂粮产业发展现状。这一部分由杂粮生产概况、杂粮产品需求前景、主要杂粮品种市场情况、杂粮加工产业发展现状组成。首先，利用国内外公开出版的文献资料和统计数据对杂粮生产概况进行宏观描述性的分析，内容包括：世界杂粮生产概况、中国杂粮生产概况；其次，主要利用国家卫生和计划生育委员会疾病预防控制局发布的《中国居民膳食指南（2016）》，从食用消费需求的角度分析杂粮产品需求前景；再次，利用农业部调研资料分析大麦、高粱、绿豆、芸豆的市场情况；最后，通过与发达国家对比，简单分析中国杂粮加工产业发展情况。

第二部分："镰刀弯"地区种植结构调整进展情况调查。这一部分由吉林省种植结构调整进展情况调查、内蒙古种植结构调整进展情况调查、辽宁省种植结构调整进展情况调查、河北省种植结构调整进展情况调查组成。首先，利用公开发布的统计数据和资料宏观分析吉林、内蒙古、辽宁、河北杂粮生产概况和种植结构调整进展；其次，基于对吉林省白城市、内蒙古乌兰察布市、辽宁省朝阳县、河北丰宁县的调研，具体阐述上述市（县）种植结构调整的进展和具体做法；最后，利用对上述市（县）农户问卷调研数据微观分析农户的生产行为，找到制约杂粮生产的关键因素。

第三部分：研究结论与政策建议。基于中国杂粮产业发展现状的分析，结合对"镰刀弯"地区种植结构调整进展情况的调查，主要从杂粮生产者角度提出促进玉米非优势产区杂粮生产发展的政策建议。

第 2 章

中国杂粮产业发展现状

2.1 杂粮生产概况

当今人类栽培的三大类食用作物是禾谷类、食用豆类和薯类。根据FAO 的分类标准，禾谷类作物包括小麦、水稻、玉米等大宗粮食作物和高粱、谷子、荞麦、燕麦和大麦等小宗粮食作物。食用豆类是指以食用籽粒为主，包括食用其干、鲜籽粒和嫩荚为主的各种豆类作物，包括菜豆、豌豆、鹰嘴豆、豇豆、蚕豆、扁豆等（不包括大豆）。薯类作物又称根茎类作物，包括甘薯、马铃薯、山药、芋类等。在中国，杂粮一般指除水稻、玉米、小麦以外的谷物和除大豆以外的豆类及薯类。小杂粮，一般指除了玉米、水稻、大豆、小麦、薯类等大宗粮食作物以外的其他小粮豆作物的总称。

对于中国杂粮的统计口径，FAO 没有直接对应的统计数据。搜索整理得知，FAO 中粗粮（coarse grain）数据减去玉米（maize）数据对应于中国除水稻、玉米、小麦以外的谷物的数据；FAO 中食用豆类（pulses）的数据对应于中国食用豆类的数据；FAO 中根块茎类作物（roots and tubers）的数据近似对应于中国薯类的数据。根据以上分析，本研究采用中国一般意义上的杂粮统计口径，并将其分为其他谷物、食用豆类和薯类三部分进行阐述。

2.1.1 世界杂粮生产概况

2000 年以来，世界其他谷物的收获面积都在 20 亿亩以上，产量波动较大（见图 2 - 1）。2003 年收获面积最大，为 25.59 亿亩；2012 年收获面积最小，为 22.07 亿亩。2008 年产量最高，为 3.26 亿吨；2012 年产量最低，为 2.74 亿吨。主要品种有大麦、高粱、小米、燕麦，2014 年播种面积分别为 7.41 亿亩、6.74 亿亩、4.71 亿亩、1.44 亿亩，产量分别为 1.44 亿吨、6893.86 万吨、2838.47 万吨、2272.17 万吨。大麦的主要生产国有俄罗斯、澳大利亚、乌克兰、西班牙、土耳其、加拿大，2014 年合计收获面积占总收获面积的 47.5%，其中，俄罗斯收获面积占总收获面积的 18.22%，中国收获面积占总收获面积的 0.95%。高粱的主要生产国有苏丹、印度、尼日利亚、尼日尔、美国、墨西哥，2014 年合计收获面积占总收获面积的 61.87%，其中，苏丹收获面积占总收获面积的 18.69%，中国收获面积占总收获面积的 1.38%。小米的主要生产国有印度、尼日尔、苏丹、马里、尼日利亚、布基纳法索、乍得，2014 年合计收获面积占总收获面积的 79.62%，其中，印度收获面积占总收获面积的 28.45%，中国收获面积占总收获面积的 2.46%。燕麦的主要生产国有俄罗斯、加拿大、澳大利亚、波兰、西班牙、美国，2014 年合计收获面积占总收获面积的

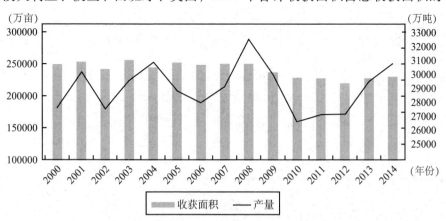

图 2 - 1　2000～2014 年世界其他谷物收获面积和产量

资料来源：FAO 数据库。

62.98%，其中，俄罗斯收获面积占总收获面积的 32.19%，中国收获面积占总收获面积的 2.08%。

　　2000 年以来，世界食用豆类的收获面积和产量波动呈上升趋势（见图 2-2）。2014 年收获面积、产量分别为 12.78 亿亩、7747 万吨，分别较 2000 年增长了 31.38%、39.38%。主要品种有干豆、鹰嘴豆、干豇豆、木豆、干豌豆，2014 年播种面积分别为 4.59 亿亩、2.1 亿亩、1.89 亿亩、1.05 亿亩、1.04 亿亩，产量分别为 2652.96 万吨、1373.10 万吨、558.92 万吨、489.01 万吨、1118.61 万吨。干豆的主要生产国有印度、巴西、缅甸、墨西哥、美国、肯尼亚，2014 年合计收获面积占总收获面积的 65.58%，其中，印度收获面积占总收获面积的 32.68%，中国收获面积占总收获面积的 1.96%。鹰嘴豆的主要生产国有印度、巴基斯坦、伊朗、澳大利亚、土耳其、缅甸，2014 年合计收获面积占总收获面积的 90.95%，其中，印度收获面积占总收获面积的 70.95%，中国收获面积占总收获面积的 0.02%。干豇豆的主要生产国有尼日尔、尼日利亚、布基纳法索、莫桑比克、马里，2014 年合计收获面积占总收获面积的 86.77%，其中，印度收获面积占总收获面积的 42.26%，中国收获面积占总收获面积的 0.1%。木豆的主要生产国有印度、缅甸、肯尼亚、美国、海地、马拉维，2014 年合计收获面积占总收获面积的 99.05%，其中，印度收获面积占总收获面积的 80.03%。干豌豆的主要生产国有加拿大、中国、俄罗斯、印度、

图 2-2　2000~2014 年世界食用豆类收获面积和产量

资料来源：FAO 数据库。

伊朗、美国，2014 年合计收获面积占总收获面积的 70.43%，其中，加拿大收获面积占总收获面积的 21.16%，中国收获面积占总收获面积的 13.7%。

2000 年以来，薯类的收获面积和产量波动呈上升趋势（见图 2-3）。2014 年收获面积、产量分别为 9.28 亿亩、8.45 亿吨，分别较 2000 年增长了 16.14%、20.78%。主要品种有木薯、马铃薯、甘薯、山药，2014 年播种面积分别为 3.58 亿亩、2.86 亿亩、1.25 亿亩、1.16 亿亩，产量分别为 2.68 亿吨、3.82 亿吨、1.07 亿吨、0.68 亿吨。木薯的主要生产国有尼日利亚、刚果（金）、巴西、泰国，2014 年合计收获面积占总收获面积的 49.58%，其中，尼日利亚收获面积占总收获面积的 29.76%，中国收获面积占总收获面积的 1.2%。马铃薯的主要生产国有中国、俄罗斯、印度、乌克兰，2014 年合计收获面积占总收获面积的 58.29%，其中，中国收获面积占总收获面积的 29.61%。甘薯的主要生产国有中国、尼日利亚、美国、乌干达，2014 年合计收获面积占总收获面积的 72.52%，其中，中国收获面积占总收获面积的 40.47%。山药的主要生产国有尼日利亚、科特迪瓦、加纳、贝宁、多哥，2014 年合计收获面积占总收获面积的 91.63%，其中，尼日利亚收获面积占总收获面积的 70.04%。

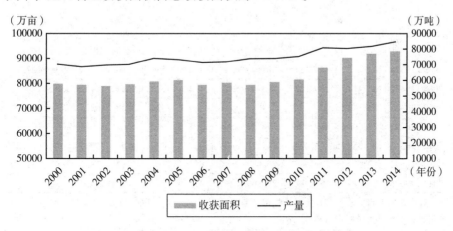

图 2-3　2000~2014 年世界薯类收获面积和产量

资料来源：FAO 数据库。

总体来看，2000 年以来，世界杂粮收获面积和产量在波动中小幅增加。原因主要是：随着人们收入的增加和健康意识的提高，杂粮食用消费有所增加；随着饲料生产的扩张，其他谷物和食用豆类作为饲料原料的需求有所增加；随着食品加工业的发展，做为原料的杂粮需求有所增加，如大麦作为啤酒原料；随着发展中国家环境问题的日益严峻，特别是干旱的影响，杂粮的适应性普遍较强。

2.1.2　中国杂粮生产概况

中国地处温带和亚热带地域，是多种作物的起源中心，杂粮种类多，品种资源丰富，种植区域广阔，多个杂粮品种的面积和产量居世界前列，故有"杂粮王国"之称。2000~2014 年，中国杂粮平均产量为 1.85 亿吨，占世界杂粮总产量的 16.73%，同期，其他谷物平均产量为 953 万吨，占世界其他谷物总产量的 3.23%；食用豆类平均产量为 473 万吨，占世界食用豆类总产量的 7.32%；薯类平均产量为 1.7 亿吨，占世界薯类总产量的22.79%。总体来看，2000 年以来，世界杂粮产量在增加，而中国杂粮产量在减少，中国各类杂粮产量占世界总产量的比重都呈下降趋势（见表 2-1）。

表 2-1　　　　　2000~2014 年中国杂粮产量占世界的比重

年份	杂粮产量（万吨）		占世界的比重（%）	其他谷物产量（万吨）		占世界的比重（%）	食用豆类产量（万吨）		占世界的比重（%）	薯类产量（万吨）		占世界的比重（%）
	中国	世界		中国	世界		中国	世界		中国	世界	
2000	20628	103862	19.86	1171	28316	4.11	470	5558	8.46	18988	69988	27.13
2005	19482	108547	17.95	1037	29344	3.53	523	6123	8.54	17922	73079	24.52
2010	17469	109834	15.90	853	27404	3.11	389	7094	5.48	16227	75336	21.54
2011	18295	115370	15.86	819	27838	2.94	461	6940	6.64	17015	80593	21.11
2012	18343	115735	15.85	848	27912	3.04	431	7420	5.81	17065	80403	21.22
2013	18590	119367	15.57	867	29895	2.90	401	7761	5.17	17322	81711	21.20
2014	18686	123301	15.15	905	31026	2.92	411	7747	5.31	17370	84528	25.55

注：杂粮产量＝其他谷物产量＋食用豆类产量＋薯类产量；其他谷物产量＝粗粮产量－玉米产量；薯类产量为折粮产量。
资料来源：FAO 数据库。

长期以来，在中国粮食安全中占主导地位的一直是大宗粮食品种，即水稻、小麦、玉米和大豆，杂粮处于辅助地位。正是这种辅助地位，使杂粮的播种面积不断下降。在中华人民共和国成立初期的 1952~1959 年，杂粮播种面积达到平均 6.86 亿亩，远高于 4.52 亿亩的水稻播种面积，在粮食总播种面积中的比重为 36%，高出水稻播种面积比重 12 个百分点。同期，杂粮年均产量达 5309 万吨，仅次于 7601 万吨的水稻年均产量，占粮食年均总产量的 30%；随着时间的推移，粮食总播种面积不断下降，到 2000～2005 年，粮食总播种面积缩减到年均 15.59 亿亩，其中，杂粮播种面积也处于不断下降的态势，缩减到年均仅 3.86 亿亩，与 1952～1959 年相比缩小了 43.8%。而玉米播种面积呈不断扩大的态势，从 1952～1959 年的年均 2.16 亿亩扩大到 2000～2005 年的年均 3.7 亿亩，增长了 71%。同期，杂粮年均产量依然保持在 5000 万吨之上，这主要归功于杂粮单产水平的不断提高。从 1952～1959 年到 2000～2005 年，杂粮单产水平提高了 1.5 倍，高于水稻和大豆的单产上升水平。2006～2010 年，在国家一系列强农惠农政策的支持下，粮食种植面积增加到年均 16.09 亿亩，然而，由于国家支持粮食生产的政策主要针对大宗粮食作物，在土地等资源的约束下，杂粮播种面积下降到年均 2.71 亿亩，杂粮的产量也随之下降为年均 5175 万吨。2011～2015 年，国家一系列强农惠农政策继续实施，粮食总播种面积继续增加到年均 16.79 亿亩，杂粮播种面积继续下降到年均 2.2 亿亩，杂粮的产量也随之继续下降为年均 4662 万吨。2000 年以来，我国杂粮播种面积平均约占粮食总播种面积的 14.38%，产量平均约占粮食总产量的 8.56%，其中，其他谷物播种面积和产量平均分别占粮食总播种面积和总产量的 3.22% 和 1.69%，食用豆类分别为 2.84% 和 0.81%，薯类分别为 8.32% 和 6.06%（见表 2－2）。总体看，杂粮在我国粮食作物中所占比重较小，近几年播种面积呈下降趋势，产量年际间波动较大，这主要是由于杂粮生产比其他粮食作物生产更多地受到自然条件的约束。

杂粮在我国 31 个省、自治区、直辖市（不包括港澳台）均有种植，主要分布于中西部的经济落后地区，且集中度较高。具体看，2012～2014 年三年平均其他谷物产量位居前 10 的地区中，位于中西部的省份有 5 个，产量合计占全国总产量的 49.07%，其中，内蒙古和甘肃两个西部省（区）的份额合计为 25.77%，占全国总产量的 1/4 强；2012～2014 年三年平均食用豆类产量位居前 10 的地区中，位于中西部的省份有 5 个，产量合计占全国总产量的 73.45%，其中，云南和四川两个西部省份的份额合计为 34.79%，占全国总产量的 1/3 强；2012～2014 年三年平均薯类折粮产量位居前 10 的地区中，位于中西部的省份有 6 个，产量合计占全国总产量的 73.62%，其中，四川和重庆两个西部省（市）的份额合计为 23.62%，约占全国总产量的 1/4（见表 2-3）。

表 2-2 　　　2000~2015 年我国杂粮播种面积和产量占粮食总播种面积和产量的比重

年份	杂粮		所占比重（%）		其他谷物		所占比重（%）		食用豆类		所占比重（%）		薯类		所占比重（%）	
	面积（万公顷）	产量（万吨）	面积（万公顷）	产量（万吨）	面积（万公顷）	产量（万吨）	面积（万公顷）	产量（万吨）	面积（万公顷）	产量（万吨）	面积（万公顷）	产量（万吨）	面积（万公顷）	产量（万吨）	面积（万公顷）	产量（万吨）
2000	29227	5322	17.96	11.52	8390	1168	5.16	2.53	5030	469	3.09	1.01	15807	3685	9.72	7.97
2005	25034	5028	16.00	10.39	5814	1036	3.72	2.14	4966	523	3.17	1.08	14254	3469	9.11	7.17
2010	23105	4321	14.02	7.91	4831	818	2.93	1.50	5150	388	3.12	0.71	13125	3114	7.96	5.70
2011	23160	4554	13.96	7.97	4720	821	2.85	1.44	5081	460	3.06	0.81	13359	3273	8.05	5.73
2012	23315	4570	13.98	7.75	4766	860	2.86	1.46	5220	431	3.13	0.73	13329	3279	7.99	5.56
2013	22355	4596	13.31	7.64	4532	866	2.70	1.44	4378	400	2.61	0.66	13445	3329	8.01	5.53
2014	21697	4651	12.83	7.68	4651	905	2.75	1.44	3636	410	2.15	0.68	13410	3336	7.93	5.50
2015	22008	4740	12.94	7.63	4739	924	2.79	1.49	4010	490	2.36	0.79	13258	3326	7.80	5.35

注：其他谷物面积（产量）＝粮食面积（产量）－水稻面积（产量）－小麦面积（产量）－玉米面积（产量）－豆类面积（产量）－薯类面积（产量）；食用豆类面积（产量）＝豆类面积（产量）－大豆面积（产量）；薯类产量为折粮产量。

资料来源：中国统计年鉴（2016 年）。

表 2-3 　　　2012~2014 年三年我国平均杂粮产量位居前 10 的省（区、市）

其他谷物			食用豆类			薯类		
省（区、市）	产量（万吨）	占全国的比重（%）	省（区、市）	产量（万吨）	占全国的比重（%）	省（区、市）	产量（万吨）	占全国的比重（%）
内蒙古	121	13.80	云南	101	24.40	四川	485	14.63
吉林	105	11.97	四川	43	10.39	重庆	298	8.99
四川	77	8.78	重庆	26	6.28	贵州	263	7.93
江苏	74	8.39	内蒙古	25	6.04	甘肃	216	6.52
河北	69	7.87	江苏	25	6.04	云南	194	5.85
西藏	67	7.64	甘肃	18	4.35	山东	190	5.73
山西	57	6.50	湖南	16	3.86	内蒙古	182	5.49
辽宁	51	5.82	黑龙江	13	3.14	广东	166	5.01
甘肃	48	5.47	湖北	12	2.9	黑龙江	116	3.5
陕西	30	3.42	浙江	11	2.66	河南	115	3.47
合计	699	79.66	合计	290	70.05	合计	2225	67.12

注：其他谷物产量＝谷物产量－稻谷产量－小麦产量－玉米产量；食用豆类产量＝豆类产量－大豆产量；薯类的产量为折粮产量。

资料来源：中国统计年鉴（2013~2015 年）。

其他谷物中,主要品种有高粱、谷子和大麦,产量分别约占总产量的
31.67%、20.34%和19.52%,合计约占总产量的71.53%。高粱主要分布
于吉林、内蒙古和辽宁,这三个省(区)的产量合计约占总产量的
59.37%;谷子主要分布于河北、山西和内蒙古,这三个省(区)的产量
合计占总产量的64.33%;大麦主要分布于江苏、云南、甘肃和四川,这
四个地区的产量合计约占总产量的72.01%。食用豆类中,主要品种有绿
豆、红小豆、蚕豆、豌豆和芸豆等,其中,绿豆和红小豆产量分别约占总
产量的18.6%和6.36%,合计约占总产量的24.96%。绿豆主要分布于吉
林和内蒙古,这两个地区的产量合计约占总产量的35.5%;红小豆主要分
布于黑龙江、陕西、内蒙古和吉林,这四个地区的产量合计约占总产量的
66.67%。薯类中,主要品种有马铃薯和甘薯,其中,马铃薯的折粮产量约
占薯类折粮总产量的57.16%,马铃薯主要分布于甘肃、内蒙古和云南,
这两个地区的产量合计约占总产量的95.5%。

不同杂粮种类之间、同一种类不同杂粮品种之间单位面积产量相差较
大:高粱的全国平均产量为每亩310.61千克,大麦和谷子则分别为每亩
257.67千克和156.28千克;红小豆的单位面积产量为每亩106.33千克,
绿豆则为每亩85.09千克;薯类的折粮单位面积产量约为每亩248.79千
克,其中马铃薯则为每亩228.51千克。同一品种不同的地区之间单位面
积产量也相差较大:大麦单位面积产量最高的山东省为每亩266.67千
克,而最低的贵州省仅为每亩146.15千克;绿豆单位面积产量最高的辽
宁省为每亩157.65千克,而最低的安徽省仅为每亩60.34千克;马铃薯
单位面积产量最高的吉林省为每亩556.12千克,而最低的山西省仅为每
亩125.98千克。

2.2　杂粮产品需求前景

2.2.1　食用消费需求

在古代,五谷没有粗杂粮的分别。20世纪50年代起,我国从口粮制

度管理出发，将粮食人为地分为主粮、杂粮，或称细粮、粗粮。大米和小麦被称为细粮，其他就成了粗粮或杂粮。随着时间的推进，杂粮的内涵进一步缩小，目前指除稻谷、小麦、玉米和大豆的其他粮食作物。

　　大部分杂粮产品不但营养价值丰富，而且具有药用功效，药食同源。谷子营养价值很高，含丰富的蛋白质、脂肪和维生素，蛋白质含量9.7%、脂肪含量1.7%、碳水化合物含量77%，而且在每100克小米中，含有胡萝卜素0.12毫克、维生素 B_1 0.66毫克和维生素 B_2 0.09毫克，还含有烟酸、钙、铁等。《本草纲目》记载："养肾气，去脾胃中热，益气。陈者味苦，治胃热消渴，利小便。"燕麦中水溶性膳食纤维分别是小麦和玉米的4.7倍和7.7倍，含比较丰富的 B 族维生素、尼克酸、叶酸、泛酸都，特别是维生素 E，每100克燕麦粉中含量高达15毫克。此外，燕麦粉中还含有谷类食粮中均缺少的皂甙（人参的主要成分），蛋白质的氨基酸组成比较全面，人体必需的 8 种氨基酸含量均居首位，尤其是含赖氨酸高达0.68克。燕麦可以有效地降低人体中的胆固醇，经常食用可对中老年人的主要威胁——心脑血管病起到一定的预防作用，对糖尿病患者也有非常好的降糖、减肥的功效。每100克绿豆中含有蛋白质23.8克、碳水化合物58.8克、脂肪0.5克、钙80毫克、磷360毫克、铁6.8毫克，还含有胡萝卜素、维生素 B_1、维生素 B_2、维生素 E 和尼克酸及多种矿物质元素，绿豆的药理作用为降血脂、降胆固醇、抗过敏、抗菌、抗肿瘤、增强食欲、保肝护肾。红小豆营养丰富，每100克红小豆含蛋白质20.2克、脂肪0.6克、碳水化合物55.7克、钙74毫克、磷305毫克、铁7.4毫克及胡萝卜素、维生素 B_1、维生素 B_2、维生素 E 等。红小豆含有皂草甙物质成分，具有通便、利尿和消肿作用，能解酒、解毒，对于肾脏病和心脏病具有一定的食疗作用。中医认为赤小豆味甘酸、性平，利水除湿，和血排脓，消肿解毒，可治疗水肿、脚气、黄疸、泻痢、便血、痈肿。红小豆煎汤，连服数日，可用于慢性水肿的辅助食疗。马铃薯含淀粉达17%，维生素 C 含量和钾等矿物质的含量也很丰富，既可做主食，也可当蔬菜食用。《本草纲目》记载："解诸药毒，生研后水服，吐出恶物就止。煮熟了吃，则味道甘美，养人肠胃，去咳嗽。"甘薯蛋白质含量一般为15%，其氨基酸组成与大米相似，脂肪含量仅为0.2%，碳水化合物含量高达25%。甘薯中红萝卜素、维生素 B_1、维生素 B_2、维生素 C、烟酸含量比谷类高，红心甘薯中胡萝卜素比白心甘薯高。甘薯中膳食纤维的含量较高，能促进胃肠蠕动，预防便秘。《本草纲目》记载："补虚乏，益气力，健脾胃，强肾阴。"

平衡膳食模式是最大程度保障人体营养和健康的基础，食物多样是平衡膳食模式的基本原则。食物可分为五大类，包括谷薯类、蔬菜水果类、畜禽鱼蛋奶类、大豆坚果类和油脂类。谷类为主是指谷薯类食物所提供的能量占膳食总能量的一半以上，也是中国人平衡膳食模式的重要特征。近 30 年来，我国居民膳食模式正在悄然发生着变化，居民的谷类消费量逐年下降，动物性食物和油脂摄入量逐年增多，导致能量摄入过剩；谷类过度精加工导致 B 族维生素、矿物质和膳食纤维丢失而引起摄入量不足，这些因素都可能增加慢性病的发生风险。因此，坚持谷物为主，特别是增加全谷物摄入，有利于降低 II 型糖尿病、心血管疾病、结直肠癌等与膳食相关的慢性病的发病风险。与细粮相比，粗粮更有利于防止高血糖。如葡糖糖的血糖指数为 100，富强粉馒头为 88.1，精米饭为 83.2，小米为 71，糙米饭为 70，玉米粉为 68，大麦粉为 66，粗麦粉为 65，荞麦为 54，燕麦为 55。在主食摄入量一定的前提下，每天食用 85 克的全谷食品能减少若干慢性疾病的发病风险，还可以帮助控制体重（见表 2-4）。

表 2-4　　　　　　　　不同人群谷薯类食物建议摄入量

食物类别	单位	幼儿（岁）		儿童青少年（岁）			成人（岁）	
		2~3 岁	4~6 岁	7~10 岁	11~13 岁	14~17 岁	18~64 岁	65 岁以上
谷类	（克/天）	85~100	100~150	150~200	225~250	250~300	200~300	200~250
	（份/天）	1.5~2	2~3	3~4	4.5~5	5~6	4~6	4~5
全谷物和杂豆类	（克/天）	适量		30~70	50~100		50~150	50~150
薯类	（克/天）	适量		25~50	50~100		50~100	50~75
	（份/周）	适量		2~4	4~8		4~8	4~6

资料来源：中国居民膳食指南（2016）。

以植物性食物和谷类为主、高膳食纤维、低脂肪的饮食是中国传统膳食模式的特点。据中国疾病预防控制中心近年来的监测和调查，随着我国经济社会发展和维生服务水平的不断提高，居民人均预期寿命逐年增长，健康状况和营养水平不断改善，膳食结构有了较大的改变。2010～2012年，我国城乡居民每日摄入能量平均为2172千卡，蛋白质65克，脂肪80克，碳水化合物301克。主要食物来源为：谷类食物占53.1%，动物性食物占15%，纯能量食物占18.3%。城市和农村存在明显差异，城市居民能量来源于谷类的比例较低，来源于动物性和纯能量食物的比例较高。与2002年相比，城乡居民谷类食物提供的能量减少，动物性食物和纯能量食物提供能量的比例增加。2010～2012年脂肪提供的能量比例为32.9%，其中，城市36.1%，农村29.7%。全国城乡平均膳食脂肪供能比已经超过合理范围30%的高限。1992年、2002年、2012年中国城乡主要膳食能量构成见表2-5。

表2-5　　　1992年、2002年、2012年中国城乡主要膳食能量构成　　　单位：%

项目	合计			城市			农村		
	1992年	2002年	2012年	1992年	2002年	2012年	1992年	2002年	2012年
谷类食物供能比例	66.8	57.9	53.1	57.4	48.5	47.1	71.7	61.5	58.8
动物性食物供能比例	9.3	12.6	15.0	15.2	17.6	17.6	6.2	10.7	12.5
脂肪供能比例	22.0	29.6	32.9	28.4	35.0	36.1	18.6	27.5	29.7

资料来源：中国居民膳食指南（2016）。

从1982～2012年的食物摄入量变迁来看，谷类食物仍然是我国居民主要的膳食能量来源，但是消费量逐年减少。其中，城市居民的谷物摄入量下降水平明显高于农村，而农村居民薯类摄入量下降幅度高于城市居民。2012年我国居民来自谷类的能量占总能量平均为53.1%，与1992年相比，谷类食物的供能比例下降了近20%，特别是大城市的谷类供能比只占40%左右，很多青年为了减肥基本不吃或吃很少主食，与中国营养学会提出的平衡膳食模式相比有明显差距。在谷物类食物中，大米、面粉消费量最高，约占90%以上。利用中国营养和健康监测的数据，分析我国成年人（＞18岁）膳食中全谷物（以除大米、面粉之外的粗粮和杂豆计）摄入量，结果显示，全谷物平均摄入量14.2克，仅占到粮谷类总量的3%～7%。以最低推荐量50克为参考值，我国不同人群粗粮和杂豆摄入量达到或超过参考值的比例为9.2%～14.6%，其中，女性的摄入量、大城市和贫困地区全谷物摄入比例略高（见表2-6）。

表 2 - 6 　　　　　中国成年人谷类中粗粮和杂豆摄入量 　　　　单位：克/天

项目		男性				女性				合计			
		18 ~ 44 岁	45 ~ 59 岁	60 岁 以上	小计	18 ~ 44 岁	45 ~ 59 岁	60 岁 以上	小计	18 ~ 44 岁	45 ~ 59 岁	60 岁 以上	小计
谷类合计	全国	369.9	349.0	310.2	355.1	302.1	292.3	265.2	293.3	336.9	321.1	287.1	324.7
	城市小计	294.9	287.4	258.3	286.9	237.7	239.7	224.2	235.9	266.9	263.6	240.7	261.7
	农村小计	438.3	422.7	364.7	423.5	361.8	355.9	309.6	351.9	401.2	390.0	336.7	388.4
粗粮杂豆	全国	12.3	15.3	17.4	13.9	12.9	16.3	17.7	14.6	12.6	15.8	17.5	14.2
	城市小计	11.1	13.4	16.4	12.6	11.4	14.6	17.3	13.3	11.2	14.0	16.9	13.0
	农村小计	13.3	17.5	18.4	15.1	14.4	18.3	18.1	15.9	13.8	17.9	18.2	15.5

资料来源：中国居民膳食指南（2016）。

　　近 30 年来，我国居民的杂粮摄入量明显下降，杂粮的消费水平较低。1992 年、2002 年、2012 年全国城乡居民杂粮平均摄入量见表 2 - 7。随着经济的发展和人们健康意识的提高，中国居民特别是城镇居民营养偏好的变化将会导致对杂粮的市场需求增长，而杂粮收入弹性较高，因而能够受到经济增长的持续拉动。

表 2 - 7 　　　　　　1992 年、2002 年、2012 年全国
城乡居民杂粮平均摄入量 　　　　单位：克/天

能量的食物来源	城乡合计			城市			农村		
	1992 年	2002 年	2012 年	1992 年	2002 年	2012 年	1992 年	2002 年	2012 年
其他谷类	35	24	14	17	16	13	41	26	16
豆类	12	18		15	20		12	18	
薯类	20	14		12	11		26	15	
合计	67	56		44	47		79	59	

资料来源：1992 年、2002 年数据根据中国居民营养与健康状况调查（2002）计算得出，2012 年数据来自中国居民膳食指南（2016）中的粗粮和杂豆合计。

　　主食是传统餐桌上的主要食物，是确保国民身体健康的最基本食物来源，在膳食构成和营养改善中占有重要战略地位。由于主食是居民淀粉的主要摄入源，因此，以淀粉为主要成分的稻米、小麦、玉米等谷物，以及马铃薯、甘薯等块茎类食物被不同地域的居民当作主食。中国传统主食有面制主食和米制主食，二者的营养结构趋同。杂粮含有丰富的蛋白质和较

高的膳食纤维、微量元素，从现代养生的角度看，杂粮与米面中的氨基酸存在互补关系，同时吃可以增加其营养价值，进而适当减少动物性食物的摄入。对主食消费需求情况和杂粮主食化发展情况的分析能为杂粮主食产品开发及加工产业发展提供了理论支撑，也为改善中国居民主食营养、提高居民营养健康指明了发展方向。

面食走入中国人生活的时间要晚于米饭，从汉代开始，面食与米饭相提并论，成为中国人最重要的主食。稻米是我国人民的主要口粮，全国大约有65%的人口以稻米为主食，稻米产量的80%以上用于加工成米饭、米粥、米粉（线）等米制食品，成为我国南方地区传统的主食食品。从米制主食消费数量来看，2014年全国生产大米1.304亿吨，消费量约为1.043亿吨。馒头、面条等面制主食是我国北部、中西部省份一日三餐的典型主食品种。从面制主食消费数量来看，2014年我国制粉消费用小麦9990万吨，占总消费量的76%，制成7000多万吨的面粉，主食消费占83%以上，消费量为5810万吨，其中，馒头占主食消费的30%，面条占主食消费的35%。影响居民主食消费形式的因素主要有生产力水平、消费者偏好以及地域条件等。从城乡差异来看，农村居民仍然以馒头、面条、米饭等传统主食为主，自制主食的比例明显高出城市居民，相对较少购买成品、半成品主食。从地域差异来看，南米北面的传统饮食习惯依然存在，近年来随着人口流动、文化融合，差异在逐渐缩小。此外，居民饮食习惯与当地粮食产量密切相关。面制主食和米制主食的营养结构比较相近，如每100克面制主食和米制主食所含热量分别为339千卡、351千卡，所含碳水化合物分别为70克、79克，都不含有维生素C、维生素A等，趋同的营养结构不利于居民通过主食之间调整改善膳食营养。因此，居民对主食消费的期望也不断提高：一是营养性。随着收入水平的提高，消费者希望作为主食消费的馒头、面条、米粉等能做到种类齐全、搭配合理和营养均衡。二是功能性。随着健康意识的提高，消费者希望馒头、面条、米粉等主食除了满足充饥的需要，还能起到预防疾病的功效，或针对已有的疾病进行辅助性治疗。三是安全性。随着生活节奏的加快，我国家庭的餐桌上，约1/3有主食成品、半成品，安全性成为城乡居民购买工业化主食的首要考虑因素。

粮食是安天下、稳民心的战略产业。预计到2020年我国粮食需求增量将达到 500 亿千克以上，但受耕地资源、水资源约束和比较效益不高的影响，口粮继续增产的难度不断加大。这为杂粮主食化发展提供了契机：第一，可以顺应居民吃得健康的主食消费需求。粮食加工越精细，营养素损失就越多。而将杂粮与稻米、小麦等搭配食用，就能做到营养互补，还有助于提高食物的营养价值，如 2/3 的大米加进 1/3 的玉米做成食品，可使大米的蛋白质利用率从 58% 提高到 70%。第二，可以顺应农业结构转型升级和资源开发的需要。我国水土资源严重匮乏、生态环境压力不断增大。在水资源短缺的西北、地下水严重超采的华北和冬闲田资源丰富的南方等地区，亟须转变农业发展方式、优化种植结构。多数杂粮耐寒、耐旱、耐瘠薄，适应性广，需求潜力巨大，可作为这些地区农业结构转型升级的首选。第三，可以顺应城乡居民生活节奏日益加快的需求。随着主食工业化生产的发展和食品安全重视程度的提高，必然带来居民膳食消费方式的新变化，即借助现代冷冻保鲜和烘烤加热器具，实现膳食消费成品化、安全化、方便化、节约化以及家务劳动社会化。把杂粮加工成半成品、成品，能适应生活节奏日益加快的需要，省时、省力、营养。

2.2.2　出口需求

中国是杂粮重要的生产国和出口国，杂粮出口在我国农产品出口贸易中一直占有很重要的地位。加入 WTO 以后，中国的小麦、大豆等土地密集型农产品与美国、澳大利亚等农业发达国家相比已不具备比较优势，而杂粮属劳动密集型产品，产量低且不稳定，地域特点突出，不利于大规模机械化生产，中国具有小杂粮生产的资源禀赋条件。我国出口的杂粮产品有 90% 以上都是以附加值较低的原粮出口，因而在本部分分析中只考虑杂粮的原粮贸易，不考虑其加工产品。其他谷物数据采用联合国商品贸易数据库（UN Comtrade）中谷物（04，creals and creal preparations）数据减去小麦（041，wheat including spelt and meslin，unmilled）、稻谷（042，Rice）和玉米（044，maize（corn），unmilled）的数据；国内外都将鲜食食用豆归为蔬菜，故食用豆数据采用联合国商品贸易数据库（UN Comtrade）中干豆（0542，beans，peas，lentils & leguminous vegetab，dried）数据；

薯类数据采用联合国商品贸易数据库（UN Comtrade）中鲜马铃薯（0541，potatoes，fresh not including sweet potatoes）数据和鲜或干的根茎等（05481，roots & tubers，fresh or dried，sago pith）数据之和（见图2-4）。

（亿美元）

图2-4 2000年以来中国杂粮出口情况

资料来源：UN Comtrade。

2000~2013年，中国杂粮出口额持续增加，增幅达385.59%，2014~2016年呈回落趋势，2016年中国杂粮出口额为21.35亿美元。其中，其他谷物出口额在2012年达到11.12亿美元后回落至2016年的10.23亿美元，食用豆出口额在2012年达到10.15亿美元后回落至2016年的7.03亿美元，薯类出口额在2014年达到4.7亿美元后回落至2016年的4.09亿美元。2016年，高粱出口同比增加213%左右，芸豆同比增加24%左右，荞麦同比下降40%左右，红小豆同比下降14%左右，绿豆同比下降16%左右，其他杂粮品种变化不大。

辽宁省大连市是我国最大的杂粮进出口口岸，年加工出口杂粮占全国出口总量的75%以上。2013年创建国内首个出口粮食（杂粮）加工质量安全示范区以来，产品质量进一步提升。黑龙江省自2009年以来成为中国杂粮生产第一大省，年产量达到160万吨，多个杂粮品种获得了有机认证，在日本、东南亚等国外市场热销。黑龙江是全球公认的世界三大肥沃寒地黑土带之一，由于气候原因，土地处于半年休耕状态，加之冬夏温差大，植物病虫害和畜禽疫病少，这些条件造就了农作物较高的营养价值。黑龙江省有生产出口杂粮企业70余家，年出口量30余万吨，主要销往日本、韩国、阿拉伯、东南亚等国家和地区。红小豆、芸豆、白瓜子等杂粮产品为代表的多个杂粮品牌通过了中国有机认证、中绿华夏认证以及日本 JAS 有机农产品认证。

2.3　主要杂粮品种市场情况

2.3.1　大麦

2014～2016 年，我国大麦播种面积持续下降。2014 年我国大麦播种面积 703 万亩，总产量 181 万吨；2015 年播种面积 652 万亩，同比减少 7.32%，总产量 183 万吨，同比增长 0.91%，基本持稳；2016 年我国大麦播种面积 514 万亩，同比减少 21.2%，总产量 135 万吨，同比减少 26.28%（见表 2－8）。我国大麦分布广泛，但主要产区相对集中，主要分布在长江流域、黄河流域和青藏高原。由于啤酒工业的发展和对大麦原料的需求，西北和黑龙江等地啤酒大麦发展较快。根据光、温、地理位置、播种期等特点，中国栽培大麦可划分为北方春大麦区、青藏高原裸大麦区、黄、淮以南秋播大麦区。

表 2－8　　　　　　　　　　　大麦供需平衡　　　　　　　　　单位：万吨

项目 \ 年度	2012/2013	2013/2014	2014/2015	2015/2016	2016/2017（E）	2017/2018（E）
期初库存	10.00	28.82	26.69	19.23	69.20	37.99
年产量	160.23	169.56	181.19	182.83	134.79	106.20
进口量	302.59	273.32	541.35	1073.14	480.00	300.00
总供应量	472.82	471.69	749.23	1275.20	683.99	444.19
食用消费	10.00	10.00	11.00	11.00	12.00	12.00
饲料消费	50.00	55.00	345.00	850.00	290.00	50.00
工业消费	367.00	363.00	361.00	335.00	335.00	340.00
种用消费	14.00	14.00	10.00	7.00	6.00	6.00
损耗	3.00	3.00	3.00	3.00	3.00	3.00
国内消费	444.00	445.00	730.00	1206.00	646.00	411.00
期末库存	28.82	26.69	19.23	69.20	37.99	33.19

资料来源：农业部市场与经济信息司。

2016 年食用消费、饲料消费、种用消费、工业消费分别约占消费总量的 2%、51%、1%、45%。大麦芽是啤酒工业的主要原料，麦芽的成分和质量直接影响啤酒的风味和质量。我国啤酒产量在 2011 ~ 2013 年逐年增加，2014 年、2015 年产量小幅下滑，2016 年产量小幅回升。2016 年我国啤酒产量 498 亿升左右，山东、广东、河南、辽宁和浙江 5 省占我国啤酒一半产量。2014 ~ 2016 年，我国大麦进口量分别为 541.35 万吨、1073.23 万吨和 500.47 万吨，2016 年，来自澳大利亚的进口占比为 63.87%。2014 ~ 2016 年我国大麦出口量分别为 115 吨、63 吨和 35 吨。

我国大麦主要出口至韩国、美国，2014 ~ 2016 年，韩国进口快速降低，分别为 79.74 吨、0 吨、0 吨；美国进口量分别为 32 吨、25 吨、23 吨。近年来，世界大麦贸易区域性更加明显，出口贸易中心向发达国家（乌克兰、法国、俄罗斯、澳大利亚、加拿大等）集中，进口贸易中心则逐渐向南美和亚洲国家（沙特阿拉伯、中国、日本等）转移。

大麦籽粒主要用于饲料、酿酒和食用。受替代品特别是进口货源的冲击，2016 年国产大麦用于啤酒、饲料的消费明显下降，预计未来 3 ~ 5 年，大麦用于啤酒、饲料增长空间有限，而由于大麦食用纤维含量高，保健作用强，其用于特色食品、保健茶等潜力较大，但整体看消费量增长空间有限。

2.3.2　高粱

2012 ~ 2016 年，我国高粱种植面积分别是 770 万亩、708 万亩、763 万亩、665 万亩、722 万亩，呈"一年多、一年少"的特点；总产量分别为 152 万吨、208 万吨、242 万吨、235 万吨、216 万吨、201 万吨，呈先涨后跌的特点。

2014 ~ 2016 年，高粱消费总量分别为 1221 万吨、1071 万吨、706 万吨，主要用于制种、食用、酿造和饲料，其中饲料消费由 970 万吨降至 450 万吨，主要原因是玉米价格下降导致高粱在饲料消费占比大幅下降。食用消费与酿造消费分别增长 1 个百分点和 15 个百分点。白酒行业需求增加处于平缓期，年均增幅不超过9%。2012～2015年，由于国产玉米价格高，企业大量进口高粱作为能量饲料，进口量逐年攀升，2015年进口量高达1069.97万吨，同比增长85.12%，2016年，国内玉米由临时收储政策调整为"市场化收购＋补贴"，市场价格下跌，进口高粱替代性减弱，进口量下降至664.76万吨，同比下滑37.87%。

我国高粱出口量较少，2015年我国高粱出口量仅为0.8万吨，2016年为2.78万吨，同比增长247.5%。主要出口地为中国台湾地区和韩国，2016年中国台湾地区进口24871吨，同比增长448%，主要是由于中国台湾金门高粱酒销量和出口上升，原料需求增加。我国种植的糯性高粱，水分、杂质、容量等物理指标和农残、矿物质等卫生指标完全符合酿酒标准，糯高粱能增加白酒粘稠度和挂壁性，颇受酿酒行业欢迎。受质量、价格和信誉影响，中国台湾客商从采购美国高粱改为中国大陆高粱。我国高粱的潜在市场集中在周边无法种植高粱且酿酒历史悠久的日本、韩国、中国台湾等东亚国家和地区，这主要是由于地理位置靠近、运输费用低，且我国高粱与国际高粱价差不断缩小。

高粱主要用于食用、饲料、工业和制种。预计未来2～3年呈负增长趋势。饲料需求由于国产玉米价格下跌，进口高粱丧失价格优势，需求量降幅较大，2015/2016年度饲料消费量820万吨，2016/2017年度消费410万吨，预计2017/2018年饲料用进口高粱将减至250万吨（见表2-9）。工业消费包括酿酒和酿醋，目前白酒行业龙头复苏明显，酿造行业需求缓慢增加，预计2016/2017年消费235万吨，较前一年度增加5万吨左右（见表2-9）。高粱食用主要集中在东北、华北一带，预计6A系列口感较好的高粱需求增加，宁城白等口感一般的高粱需求减少。种用消费需求或小幅增加，虽高粱种植收益优于玉米，但玉米除草剂对高粱种植有影响，18个月后才可改种高粱，预计高粱播种面积难以大幅增加，种用消费增加至7万吨左右。近年来五粮液大型酒厂对高粱质量把控越来越严，酒厂普遍青睐"风杂""新杂"等霉变率低、颜色偏浅（黄）、病斑少的品种，其收购价格高于普通价格10%。贵州、四川部分酒厂青睐红缨子、兴湘梁等糯高粱，但产量较低，农民种植积极性不高，未来提升空间较大。

表 2 - 9　　　　　　　　　　高粱供需平衡　　　　　　　　　　单位：万吨

项目 \ 年度	2012/2013	2013/2014	2014/2015	2015/2016	2016/2017（E）	2017/2018（E）
期初库存	30.00	26.58	36.36	64.53	37.47	20.25
产量	208.28	241.88	235.17	216.34	201.28	221.41
进口量	63.00	416.00	1015.00	828.40	500.00	300.00
总供应量	301.28	684.46	1286.53	1109.27	738.75	541.66
食用消费	16.00	16.00	15.00	15.00	15.00	15.00
饲料消费	30.00	400.00	970.00	820.00	450.00	250.00
工业消费	220.00	225.00	230.00	230.00	235.00	240.00
种用消费	6.00	6.00	6.00	6.00	6.00	6.00
国内消费	272.00	647.00	1221.00	1071.00	706.00	511.00
出口量	2.70	1.10	1.00	0.80	2.50	2.50
总需求量	274.70	648.10	1222.00	1071.80	708.50	513.50
年度结余	26.58	36.36	64.53	37.47	30.25	28.16

资料来源：农业部市场与经济信息司。

2.3.3　绿豆

绿豆是中国种植的最主要食用豆作物之一，主要产自内蒙古、吉林、河南、黑龙江、山西和陕西，以陕西榆林绿豆、吉林白城绿豆、河北张家口鹦哥绿豆最为有名。主产区吉林、内蒙古、山西、陕西、新疆的生产模式是大田一季生长，在河南、湖北等与玉米间作套种，在山东、北京、河北等地还有果园林下套种等。主产区绿豆生产在播种期基本实现了机械化。近15年来，中国绿豆的年种植面积在50万~100万公顷，总产量在6万~120万吨波动，播种面积和总产量总体也呈下降趋势。2011~2016年绿豆种植面积表现出"V型"走势，前三年逐步下降，后三年逐步上升。2011~2016年种植面积分别是985万亩、887万亩、821万亩、721万亩、765万亩、863万亩，每年同比变化幅度分别是5.22%、-11.07%、-8.86%、14.66%、6.1%、12.75%。总产量逐步下滑，2011~2016年总产量分别是86万吨、79万吨、70万吨、64万吨、65万吨、61万吨，每年同比变化幅度分别是0.18%、-8.98%、-13.05%、-8.52%、2.02%、-7.45%。

2016年食品用豆占比36%，商品用豆占比30%，出口占比20%，结

余 13% ，损失 1% 。近三年我国绿豆海关进口量变化较大，进口量呈现
"倒 V 型" 走势。2014 ~ 2016 年进口量分别为 1.49 万吨、3.79 万吨和
2.94 万吨。近几年，多数进口商通过边贸进口绿豆，而这部分进口量海关
难以统计，因此海关进口绿豆量不足实际进口量的 10% 。绿豆进口主要来
源于缅甸、澳大利亚、印度尼西亚等国，其中缅甸是中国绿豆的第一大进
口来源国。近几年受缅甸、印度尼西亚、澳大利亚绿豆价格低影响，国内
绿豆出口量开始减少。2014 年出口量为 10.75 万吨，同比跌幅为 9.54% ；
2015 年出口量为 10.61 万吨，同比跌幅为 1.24% ；2016 年出口量为 10.75
万吨，同比上涨 1.32% 。

我国绿豆主要出口至日本、越南、美国、印度、加拿大、荷兰、菲律
宾、中国台湾地区、中国香港等地，2015 年出口到前五大出口目的国的绿
豆数量占绿豆出口总量的 85.29% ，出口额占出口总额的 86.44% 。日本主
要进口用于发芽的绿豆，对质量要求高，多采购我国吉林白城洮南和陕西
榆林地区的绿豆，近几年因我国绿豆价格较高，日本采购量逐渐减少，转
向澳大利亚、印度等国。越南进口绿豆主要用做食品加工配料，进口主要
用于弥补国内供应缺口。出口量占第三位的是美国，主要是华人从中国进
口，进口量相对较小，销售时间较长。可拓展的目标市场集中在东亚国家
和地区，主要是因为中国地理运输费用优势，国产绿豆口感、质量普遍好
于外国，韩国、日本等喜好用绿豆做甜品。

近 4 年，国内绿豆消费量稳定在 95 万吨左右，主要用于直接食用和加
工。预计未来 3 ~ 5 年，受环保政策限制导致部分小型食品厂停产，中大型
食品厂选用低价豆类或国外便宜豆替代国产绿豆的影响，食品绿豆需求量
将会下降。

近 4 年我国绿豆供需平衡如表 2 - 10 所示。

表 2 - 10　　　　　　　　　　绿豆供需平衡　　　　　　　　　　单位：万吨

项目 \ 年度	2014/2015	2015/2016	2016/2017 （E）	2017/2018 （E）
期初库存	10.00	8.00	5.00	5.00
产量	64.14	65.44	60.56	66.616
进口量	28.79	27.00	28.00	27.57

年度 项目	2014/2015	2015/2016	2016/2017（E）	2017/2018（E）
总供应量	102.93	100.44	93.56	99.186
食品需求	28.15	23.00	20.00	20.00
商品需求	40.31	37.07	35.56	34.816
芽豆需求	15.00	21.58	19.85	21.20
种用需求	1.80	1.91	2.15	2.37
出口量	9.67	11.88	11.00	11.80
总需求量	85.26	83.56	77.56	78.386
期末库存	8.00	5.00	5.00	9.00

资料来源：农业部市场与经济信息司。

2.3.4 芸豆

芸豆在中国的种植分布比较广泛，主要在东北、华北、西北和西南地区及生态条件相对较恶劣的高凉山区、干旱半干旱地区，主产省有黑龙江、吉林、内蒙古、河北、山西、陕西、甘肃、新疆、四川、贵州、云南等11个省（区），特别是黑龙江、内蒙古、山西、新疆、云南，已经形成了较大的生产规模和比较现代化的种植方式。近年来，中国芸豆常年种植面积约70万公顷，产量90万吨左右。2013年芸豆供应量大幅增多，量增价跌，农户种植积极性减弱。2014年种植面积在823万亩，产量在123万吨。2015年种植面积在584万亩，同比下跌29.00%，产量在78万吨，同比下跌36.40%。2016年种植面积在463万亩，同比下跌20.70%，产量在37万吨，同比下跌52.82%。

国内芸豆消费以食用为主，分为直接食用和加工成食品。食用消费主要通过国内粮油批发市场，最终流向消费者，消费者主要是用来做豆饭、煮豆粥等。加工食品食用主要靠食品厂从中间商调货或直接自采为主，用于制作豆馅、豆沙、豆沙包、豆沙月饼、豆沙糕、糖纳豆、罐头等，每年用量占比维持在47.25%左右，以食品级芸豆及芸豆下料为主。2014～

2016年我国芸豆进口量呈阶梯式逐年下降的趋势。2015年芸豆总进口量为9430.79吨，同比跌幅达25.65%。2016年进口总量10607.56吨，同比增加12.77%。2014年我国芸豆出口量34.36万吨，出口量较2013年减少27.8万吨，较2012年减少40.53万吨，减少幅度达44.72%～54.1%。2015年芸豆出口量延续递减趋势，全年出口量31.15万吨，较2014年减少3.22万吨。2016年出口量43.13万吨，同比上涨38.46%。

芸豆主要出口至印度、委内瑞拉、意大利、南非、也门、古巴、巴西等。南非、欧洲偏好奶花芸豆、白芸豆、红芸豆；古巴、南美一般偏好杂色芸豆、黑芸豆等；中东、非洲青睐白芸豆等。我国是奶花芸豆主产国，在世界上占据一定话语权，主要出口至南非、也门、印度和欧洲各国，其他品种几无竞争优势。近两年因阿尔及利亚、埃塞俄比亚白芸豆种植面积逐步扩大，美国、阿根廷、英国红芸豆及部分黑芸豆种植面积、产量大幅增加，国外种植成本较低，我国芸豆出口到港价优势降低，近年出口逐步递减。随着国际芸豆种植面积增加，国内芸豆竞争力越来越小。因国内芸豆种植成本难回落，因此输往周边国家或略有运输成本优势。

芸豆主要用于商品、食品加工和种用。2014～2016年，国内芸豆总量在29万吨左右，总体呈小幅增长，预计未来两年也缓慢递增。芸豆商品消费和食品加工用量相差不大。商品食用芸豆主要销往北京、临沂、郑州、广州、贵阳及江浙一带，其中紫花芸豆、红芸豆、黑芸豆及云南大白芸豆销量稍高。食品加工消费主要用于制作豆馅、豆沙、豆沙包、豆沙月饼、豆沙糕、糖纳豆、罐头等，但部分消费以食品级芸豆及芸豆下料为主，受环保严查影响，部分小食品厂停业整修，芸豆食品用量或出现负增长。种用消费多根据每年农户种植意向而窄幅波动，2016年极端天气导致芸豆受灾严重，新豆上市后价格偏高，农户种植意向增加，2017年芸豆种用消费将出现增长。近几年，因东北英国红芸豆破皮率偏高，食品厂转而采购均价比东北豆高0.30元/斤的山西货源，主要用于制作罐头。白芸豆、紫砂等品种因难打理，市场需求不佳，农户种植积极性较一般，近几年根据市场需求，国内芸豆种植结构也在不断调整。

近4年，我国芸豆供需平衡如表2-11所示。

表 2 - 11		芸豆供需平衡		单位：万吨
年度 项目	2014/2015	2015/2016	2016/2017（E）	2017/2018（E）
期初库存	7.08	67.01	76.42	44.19
产量	123.10	78.29	36.94	79.71
进口量	0.69	0.95	0.92	0.73
总供给	130.87	146.25	114.28	124.63
国内用量	26.01	29.51	29.64	29.96
出口量	37.85	40.32	40.45	38.96
总需求	63.86	69.83	70.09	68.92
期末结余	67.01	76.42	44.19	55.71

资料来源：农业部市场与经济信息司。

2.4 杂粮加工产业发展现状

2.4.1 主要杂粮品种用途

近年来，随着我国食品加工业技术的进步，对杂粮的需求也呈较快增长趋势，如红小豆在食品加工和饮食业中应用越来越广泛，大粒红小豆还被用作生产小豆罐头；高粱既是北方部分地区的主食，又是酿酒的重要原料，还可以生产饲料、酒精、糖、日用品等；糜子除了作为主粮外，还可以酿酒，制作多种风味小吃，其相关附属品还可制作色素、生物农药等。

荞麦食用为主，深加工用量有限。80%的荞麦用于加工食品，荞麦深加工占比10%。荞麦相关企业的规模小、产品同质化严重，企业辐射力量还不够强。加工基本属于传统产业，自主研发能力较弱，产业升级发展滞缓，因而深加工发展较慢。2016年大麦食用消费、饲料消费、种用消费、工业消费分别约占消费总量的2%、51%、1%、45%，饲料消费大幅下挫，拖累整体消费量降至600万吨左右。未来3~5年，国产大麦在啤酒、饲料方面增长空间有限，其他如特色食品、保健茶等存在小幅上升趋势，但幅度不大。国内高粱下游主要分为种用、食用、酿造工业和饲料行业。

近三年高粱下游领域中变化最大的区域是饲料消费，2016 年该领域的消费占比从 79.44% 降低到 63.74%，下降了近 16 个百分点。玉米价格下降导致饲料用高粱进行反替代，高粱在饲料消费占比中大幅下降，降幅达到 53%。食用消费与酿造消费分别增长 1 个百分点和 15 个百分点，白酒行业需求增加处于平缓期，年均增幅不超 9%。谷子用途单一，95% 通过加工小米后用于食用，小米走货好坏直接决定谷子市场的需求情况。近年来人们越来越注重杂粮养生，对小米的消费量呈现缓慢增长的态势。

　　2016 年绿豆食品用占比 36%，商品用占比 30%，出口占比 20%。从单个地区来看，吉林省食品豆在下游领域中的占比从 20% 上升到 40%，商品豆维持 50%，芽豆从 30% 下降到 10%。食用是红小豆的主要用途，历年来均超过 95%。从红小豆的消费品种来看，食品企业主要采购日本红、普通红及部分农安红。黑龙江林甸种植的珍珠红小豆因价格较其他品种偏高，食品厂鲜有采购，主要销往全国各大批发市场，进而最终流入终端消费者。正常年份从林甸地区输出量在 8 万 ~ 10 万吨，约占国内红小豆供应量的 25%。随着人们对生活质量的提高，红小豆需求量呈现缓慢上涨趋势。我国黑豆消费方式基本上是食用消费，有直接食用和加工后食用两种。食用消费主要通过国内粮油批发市场，最终流向消费者，主要用来做豆饭、煮豆粥、做豆豉和发芽豆菜。下游食品、商品、芽豆占比为 2∶6∶2。

　　从用途上看，马铃薯既可直接食用，也可作为原料，用于食品工业、医疗卫生等多个领域。但从消费情况看，我国马铃薯消费以食用为主，加工消费、种用消费和饲用消费等其他用途为辅。

2.4.2　杂粮加工情况

　　杂粮加工是指按照用途将杂粮制成成品或者半成品的生产过程。根据原料加工程度，可将杂粮加工分为初加工和深加工两种类型。初加工是指加工程度浅、层次少，产品与原料相比，加工过程理化性质、营养成分变化小的加工过程，主要包括清选去杂、分级、脱壳、干燥、抛光等加工工序；深加工是指加工程度深、层次多，经过若干道加工工序，原料的理化特性发生较大变化，营养成分分割很细，并按照需要进行重新搭配的多层次加工过程，主要包括功能性物质和生物活性成分的萃取、分离以及提纯等加工技术。杂粮加工产品主要有初加工产品、传统食品、休闲方便食品、发酵产品以及功能性食品。无论对杂粮进行初加工还是深加工，均可提升杂粮产品的附加值。

发达国家或地区对杂粮作物原料的加工研究，起步早、投入大、发展快，其杂粮加工的特点是机械化、自动化、规模化、集约化；品种多样化；严格作业，清洁卫生；环保意识强，达到无污染综合治理。目前，发达国家或地区的粮食初、深加工技术处于国际领先水平，例如，加拿大、美国、日本在绿豆、薏米等杂粮的脱壳/脱皮、清选分级等初加工方面技术先进，在燕麦、荞麦、高粱等杂粮功能成分研究和产品开发方面亦建立了先进的快速检测技术，且加拿大、美国、日本开发的多种杂粮初加工产品、功能性产品已大量进入市场。

我国杂粮加工技术开发起步晚，投入人力、资金有限，在杂粮加工方面，与欧美等农业发达国家相比有很大差距。国外农业发达国家用于深加工的杂粮数量占其粮食总产量的50%以上，而我国杂粮深加工的利用率还不到其总产量的10%，且大多数加工水平只能停留在初级加工上，工艺落后、产品质量差，深精加工水平有限。近几年，我国有一批杂粮加工企业与科研机构正致力于深加工产品的开发，并取得了一些可喜的成果。

2.5 本章小结

第一，2000年以来，世界杂粮收获面积和产量在波动中小幅增加。随着人们收入的增加和健康意识的提高，杂粮食用消费有所增加；随着饲料生产的扩张，其他谷物和食用豆类作为饲料原料的需求有所增加；随着食品加工业的发展，作为原料的杂粮需求有所增加。近几年，随着国家一系列强农惠农政策的实施，我国粮食总播种面积继续增加，而杂粮播种面积继续下降。杂粮在我国31个省、自治区、直辖市（不包括港澳台）均有种植，主要分布于中西部的经济落后地区，且集中度较高。

第二，近30年，我国居民的杂粮摄入量明显下降，预计随着经济的发展和人们健康意识的提高，中国居民特别是城镇居民营养偏好的变化导致对杂粮的市场需求增长；受耕地资源、水资源约束和比较效益不高的影响，口粮继续增产的难度不断加大，这为杂粮主食化发展提供了契机；中国是杂粮重要的生产国和出口国，但是我国出口的杂粮产品有 90% 以上都是以附加值较低的原粮出口。

第三，近年来，随着我国食品加工业技术的进步，对杂粮的需求也呈较快增加趋势。杂粮加工产品主要有初加工产品、传统食品、休闲方便食品、发酵产品以及功能性食品，而无论对杂粮进行初加工还是深加工，均可提升杂粮产品的附加值。我国杂粮加工技术开发起步晚，投入人力、资金有限，在杂粮加工方面，与欧美等农业发达国家相比有很大差距。但是近几年，我国有一批杂粮加工企业与科研机构正致力于深加工产品的开发，并取得了一些可喜的成果。

第 3 章

吉林省种植结构调整进展情况调查

吉林省位于中国东北地区的中部，面积 18.74 万平方公里，约占全国的 1.95%；人口 2753.3 万人，占全国的 2%。现辖 1 个副省级市、7 个地级市、延边朝鲜族自治州和长白山管委会，60 个县（市、区）。吉林省地处由中国东北地区、朝鲜、韩国、日本、蒙古和俄罗斯东西伯利亚构成的东北亚地理中心位置，在联合国开发计划署积极支持的图们江地区国际合作开发中居于重要地位，具有与东北亚区域开展合作的优越区位条件，是中国面向东北亚开放的重要窗口。吉林省是中国重要的商品粮生产基地，地处享誉世界的"黄金玉米带"，是著名的"黑土地之乡"，农业生产条件得天独厚。多年来，吉林省粮食商品率、人均粮食占有量以及人均肉类占有量居全国第 1 位。

2016 年，实现地区生产总值 2531.3 亿元，比上年增长 6.9%，其中，第一产业完成增加值 240.3 亿元，增长 4.3%。三次产业结构比由上年的 10.5∶45.4∶44.1 调整为 9.5∶44.9∶45.6。2016 年，粮食作物播种面积 987 万亩，增长 3.1%。其中，大豆播种面积 39 万亩，增长 21%；水稻播种面积 207 万亩，增长 3.5%；玉米播种面积 729 万亩，增长 2.4%。2016 年，全省认定数粮食总产量为 423.2 万吨，比上年增长 0.04%。其中，水稻总产量达到 105 万吨，增长 1.9%；大豆总产量 7.8 万吨，增长 14.7%；玉米总产量 306.9 万吨，下降 0.5%。①

---

① 吉林市 2016 年国民经济和社会发展统计公报。

3.1 吉林省杂粮生产概况

吉林省是全国杂粮杂豆的主要生产基地。主要的杂粮品种有高粱、谷子、糜子、向日葵、燕麦、花生等，杂豆主要有绿豆、红小豆、黑豆、豇豆、芸豆等。2015 年，全省杂粮杂豆实际种植面积 750 万亩，其中，花生 200 万亩、高粱 170 万亩、绿豆 125 万亩、葵花籽 95 万亩、谷子 90 万亩、苏子 17 万亩、红小豆 5 万亩、其他 40 余万亩。近年来，杂粮杂豆以其独有的特色和品质，已逐渐成为吉林农民增收致富的支柱产业。

3.1.1 近年来生产情况

2011 ~ 2015 年，吉林省谷物播种面积由 5965 万亩增加到 7083 万亩，增幅 18.74%，其中，玉米的播种面积由 4701 万亩增加到 5670 万亩，增幅 20.61%。其他谷物类播种面积年际间波动，保持在 220 万亩以上。食用豆类播种面积呈明显下降趋势。2014 年、2015 年薯类的播种面积保持在 110 万亩左右（见表 3 - 1）。

表 3 - 1 　　　　　　　**2011 ~ 2015 年吉林省杂粮播种面积**　　　　　单位：万亩

品种	2011 年	2012 年	2013 年	2014 年	2015 年
其他谷物	222	259	221	236	240
高粱	151	190	173	174	172
食用豆类	266	210	184	184	185
薯类	—	—	—	111	107

资料来源：《吉林统计年鉴 2016》和《吉林统计年鉴 2013》，2011 ~ 2013 年吉林没有统计薯类播种面积。

吉林省其他谷物和食用豆类生产主要集中在白城市和松原市，2015 年播种面积分别为 31.29 万亩和 13.31 万亩，分别占总播种面积的 64.22%、31.59%。薯类生产主要集中在长春市、松原市和四平市，2015 年播种面积分别为 3.30 万亩、1.74 万亩和 1.50 万亩，合计占总播种面积的 56.04%

（见表 3 – 2）。

表 3 – 2　　　　2014 年、2015 年吉林省各市杂粮播种面积　　　单位：亩

市（州）	2014 年		2015 年	
	其他谷物和食用豆类	薯类	其他谷物和食用豆类	薯类
长春市	7583	35417	6615	33045
吉林市	1926	10472	2870	10163
四平市	6597	16176	5315	14595
辽源市	101	4569	32	4058
通化市	1464	9815	360	9161
白山市	579	2876	557	2460
松原市	144299	18753	133140	17391
白城市	293393	8753	312938	8142
延边朝鲜族自治州	462	8055	578	6852
公主岭市	174	7166	98	6455
梅河口市	272	4304	86	3716

注：2014 年以前吉林省没有单独的薯类统计数据，其他谷物和食用豆类播种面积用粮食播种面积减去水稻、玉米、大豆、薯类等播种面积近似得出。

资料来源：《吉林统计年鉴 2015》《吉林统计年鉴 2016》。

3.1.2　杂粮生产发展基础

第一，种植区域集中。全省杂粮杂豆主产区集中在西部的白城、松原两个地区以及中部四平的部分地区，东部山区只有零星种植。洮南被称为"中国绿豆之乡"，扶余 2015 年被评为"吉林省花生特产之乡"。特别是按照国家农业供给侧调整改革部署，吉林省西部处于"镰刀弯"地区玉米结构调整的重要地带，杂粮杂豆种植面积还将会大幅扩增。

第二，品质优良独特。全省出产的杂粮杂豆因其独特的自然气候环境，相对国内其他产区，品质的比较优势明显。特别是弱碱性土壤、较高的积温和独有的冷凉气候以及一年一季的耕作方式，产出的杂粮杂豆具有

独特性和稀缺性，国内外市场美誉度和占有率都很高。其中，洮南出产的
A 字鹦哥绿豆畅销日本、韩国和欧洲多个国家和地区，在出口贸易中属于
免检产品；扶余地区出产的花生公认不含黄曲霉素，山东鲁花集团在这个
地区建有专门的生产基地。

　　第三，以企业为主创建了一批品牌。截至 2016 年 6 月底，全省杂粮杂
豆在农业部登记的地理标志农产品有洮南绿豆；在国家工商总局注册地理
标识商标有 3 个：扶余四粒红花生、长岭葵花籽、乾安黄小米；经国家质
检总局批准的地理标志保护产品有 6 个：扶余四粒红花生、乾安黄小米、
乾安糯玉米、白城绿豆、白城燕麦、白城向日葵。在 2015 年农业部公布的
全国名特优新农产品目录中，吉林省的洮南绿豆、扶余四粒红花生、乾安
黄小米被收录其中。此外，全省杂粮杂豆生产加工企业约 700 余家，省级
以上龙头企业 12 家。一些企业品牌和产品品牌脱颖而出，先后涌现出
"北显""吉松岭""增盛永""绿禾""鹤龙汇""洮河绿野"等一大批国
内外知名品牌。

3.1.3　杂粮品牌建设

　　随着吉林省积极推进农业供给侧结构性改革，2016 年仅杂粮杂豆的种
植面积就增加了 112.2 万亩。"如何解决增加的产量对市场容量带来的压
力"成了现实问题。吉林独特的地理位置、土壤生态、气候特征等，造就
了吉林杂粮杂豆许多独有的优良品质，只是缺少品牌的引领和推动。2016
年 8 月 12 日下午，吉林省农委在长春农博园发布吉林杂粮杂豆品牌战略规
划，这意味着吉林省向全面打好"豆米牌"又迈出了坚实的一步。吉林省
将以打造松原黄小米、扶余四粒红花生、白城绿豆和白城燕麦等品牌为突
破和引领，制定全省杂粮杂豆产业发展规划，利用中国农交会、中国绿博
会、长春农博会等展会，举办吉林杂粮杂豆品牌战略发布会和推介品牌，
建设示范基地，扶持 200 个企业（合作社）做优做强。开展杂粮杂豆"百
家企业（合作社）、百个品牌产品"遴选活动，共选出 102 家企业和 137
个产品，授权首批使用吉林杂粮杂豆品牌标识，建立品牌目录制度。

3.1.4 杂粮地理标志产品

1. 白城燕麦

燕麦又名雀麦、野麦，它的营养价值很高，其脂肪含量是大米的 4 倍，其人体所需的 8 种氨基酸、维生素 E 的含量也高于大米和白面。燕麦内含有一种燕麦精，具有谷类的特有香味。燕麦自古入药，性味甘、温，具有补益脾、胃、滑肠催产、止虚汗和止血等功效。燕麦面汤是产妇、婴幼儿、慢性疾病患者、病后体弱者的食疗补品。营养学家发现，燕麦还是预防动脉粥样硬化、高血压、冠心病的理想食物。它含丰富的亚油酸，占全部不饱和脂肪酸的 35%～52%，对糖尿病、脂肪肝、便秘、浮肿等有辅助疗效，对中老年人增进体力、延年益寿大有裨益。白城市光照充足、四季分明、昼夜温差大，为燕麦生产提供了有利的发展优势。同时，白城及周边地区沙化、盐碱化耕地多，退化草场面积大，为燕麦种植推广提供了广阔的空间。2006 年 10 月 26 日，白城燕麦被国家质检总局评为地理标志保护产品，保护范围为白城市洮北区、大安市、洮南市、镇赉县和通榆县 5 个县、市、区现辖行政区域。

2017 年 3 月，加拿大博氏全天然啤酒公司与洮北区政府签署了中加燕麦啤酒合作项日备忘录。备忘录的签署，标志着白城中加燕麦国际产业园建设正从规划逐步进入具体实施阶段。1998 年以来，白城市和加拿大开展中加燕麦合作研究项目，培育出 19 个燕麦新品种，在燕麦新品种选育、栽培技术集成、燕麦产品研发、生物修复改良盐碱地等领域取得了显著的科研成果。2016 年，立足丰硕的燕麦科技研究成果和近 20 年广泛的国际科技合作优势，白城市谋划了中加燕麦国际产业园项目。通过与中国华信集团及华信集团旗下的大生集团进行对接，达成了由白城市政府"搭台"，华信、大生集团"主导"，国际合作科技"支撑"，国内外企业加盟"共建"，政产学研密切"联合"，共同建设白城中加燕麦国际产业园的合作协议，全力打造"东方燕麦之都"。规划建设中的中加燕麦国际产业园，总占地面积 10 平方公里，产业园以中加燕麦工程技术育种研究中心、栽培研究中心、加工研究中心为带动，将白城燕麦的科研成果运用到整个产业园的产品中，从燕麦育种、种植到加工，实现科技的全产业链覆盖，占领燕麦产业发展科技高地、优质原料生产高地和优质产品加工辐射高地，建立以局部发展推进区域整体进步的格局，以引领和带动地方特色产业发展为目标，探索适合白城市农业产业经济快速发展的新出路，为吉林西部特色经济区发展奠定基础。预计到 2020 年，产业园将实现燕麦加工产业链总产值达到百亿元的目标。

2. 扶余四粒红花生

扶余县地处松嫩平原吉黑两省交界处，因松花江、第二松花江和拉林河流经县界，其江河水下蚀切割，形成了独有的河间台地地形。全县 1/5 以上耕地是江河淤沙土质，加之温度、雨量等气候条件适合，形成了中早熟花生的最佳生长环境。经过多年种植与开发，造就了特有的扶余"四粒红"系列花生品种。2007 年 2 月 14 日，扶余四粒红花生被国家质检总局评为地理标志保护产品。保护范围为扶余县三岔河镇、陶赖昭镇、五家站镇、弓棚子镇、增盛镇、三井子镇、新万发镇、大林子镇、新站乡、社里乡、永平乡、更新乡、徐家店乡、肖家乡 14 个乡镇所辖行政区域。

3. 白城绿豆

白城市是吉林省乃至中国的绿豆主产区，种植历史悠久。由于地处松嫩平原腹地、科尔沁草原东部，土质多为第四纪洮儿河冲积层，表层多为栗钙土、沙壤土，渗透性好，地势平坦，土壤有机质含量≥1.5%，全氮含量为 0.12% ~ 0.22%，全磷含量≥0.20%，全钾含量≥2.5%，土壤 pH 值为 7.0 ~ 8.2，特别适合绿豆的生产及繁育。光热资源丰富，无霜期为 125 ~ 140 天，日照时数 2960 小时，≥10℃ 的有效积温高达 2900℃ ~ 3100℃，在 8 ~ 9 月份昼夜温差达 14℃ ~ 15℃，有利于农作物的营养物质积累和提高绿豆的质量。特别是秋季干燥的气候特点，更有利于绿豆的干燥及着色，提高了绿豆的品质。白城市生产的绿豆粒大、颗粒饱满、色泽明亮鲜绿、无杂色、无污染、蛋白质含量高，在国内和国际市场上具有很高的知名度。所辖洮南市因生产优质、高产绿豆而获得"中国绿豆之乡"的美誉。2007 年 12 月 13 日，白城绿豆被国家质检总局评为地理标志保护产品，保护范围为吉林省白城市所辖行政区域。

4. 乾安黄小米

乾安县位于吉林省西北部、松原市西部，属温带大陆性季风气候，年平均气温4.6℃，日照时间2866小时，无霜期平均145天，平均年降水量420.6毫米，属于半干旱区。乾安县碱土面积较大，分布范围广泛，与草甸土、盐土呈复区分布，个别地方与淡黑钙土呈复区分布，碱土仅有草甸碱土一个亚类，因地处风沙干旱盐碱区，土地中富含盐碱，该土壤呈弱碱性，富含碳酸钙、氮、磷、钾等，这种土质与内蒙古、黑龙江等地草原沙漠化形成的土壤有本质区别，在全国是少有的。特有的土壤特点和土地全年冻化交替、干湿更迭，杜绝了黄曲霉毒素等多种霉菌的滋生，从源头上避免了黄曲霉素毒素的污染，在我国南方土壤是很难实现的，正是在这样的土壤环境下才种植出了独具特色的乾安黄小米。2009年12月28日，国家质检总局对乾安黄小米给予地理标志产品保护，保护范围为吉林省乾安县乾安镇、大布苏镇、水字镇、安字镇、让字镇、所字镇、道字乡、严字乡、赞字乡、余字乡10个乡镇所辖行政区域。

5. 乾安糯玉米

据《乾安县志》记载，乾安糯玉米栽培、种植和生产已有70多年的历史。乾安糯玉米营养丰富，富含蛋白质、脂肪、赖氨酸和维生素等，深受广大消费者喜爱。乾安糯玉米多次在国内外农产品展销会上获得殊荣，先后获得吉林省名牌农产品、吉林省消费者喜爱食品、中国长春国际农业·食品博览（交易）会金奖产品、第二届中国东北地区（长春）国际农业博览会名牌产品、长春百万消费者投票活动金奖产品等荣誉称号。2009年，乾安糯玉米被指定为吉林省冬运会专供食品；2010年，乾安糯玉米被评为上海世博会专供食品，享誉海内外。2012年12月12日，乾安糯玉米被国家质检总局评为地理标志保护产品。保护范围为吉林省乾安县的乾安镇、大布苏镇、水字镇、安字镇、让字镇、所字镇、道字乡、严字乡、赞字乡、余字乡、鳞字特色农业园区、大布苏工业园区、大遐畜牧场、鹿场、来字良种繁育基地、腾字种畜场16个乡镇场现辖行政区域。

6. 红石砬小米

据《农安县志》记载，红石砬小米栽培、种植和生产已有200多年的历史。经过历代红石砬劳动人民辛勤耕耘以及对红石砬小米的研究栽培，目前，红石砬小米基地已经成为国家级农业标准化示范区。长春市圣泉春有限公司生产的红石砬小米先后获得中国长春国际农业食品博览（交易）会"名牌产品""吉林著名商标""吉林省销售市场最佳养生保健产品"等荣誉称号。2005~2009年连续参加了五届东北亚投资贸易博览会，并被评为金奖。连续九届参加中国长春农业食品博览会及交易会并获得最佳畅销产品称号。红石砬小米已经走出省内，被广大消费者认可。2013年4月1日，红石砬小米被国家质检总局评为地理标志保护产品。保护范围为吉林省农安县靠山镇、新农乡、青山乡、黄鱼圈乡、万金塔乡5个乡镇现辖行政区域。

3.2　吉林省种植业结构调整进展

根据《农业部关于"镰刀弯"地区玉米结构调整的指导意见》，吉林省初步划定纳入"镰刀弯"地区的县份为松原市的前郭、长岭、乾安，白城市的通榆、洮南、大安、镇赉，四平市的双辽等县（市、区）的部分乡镇；延边州的敦化、汪清、安图、珲春、和龙，白山市的抚松、靖宇、临江和吉林市的蛟河9个县（市、区）。

3.2.1　具体做法

吉林省2015年底全面启动种植结构调整工作，作为吉林省率先实现农业现代化总体规划20项重点任务之一，纳入全省改革发展重点任务和省政府重点工作、绩效考核重点指标。在落实种植结构调整过程中，突出解决好"在哪调、谁来调、调什么和怎么调"四个问题。

（1）在哪调。根据"中部稳定提升、西部保护挖潜、东部转型增效、城郊提档升级"的总体考虑，吉林省种植结构调整的重点是调减西部易旱区和东部冷凉区籽粒玉米种植面积。从西部易旱区不具备抗夏伏旱能力的地块中调减；从东部山区不适宜种植玉米的坡耕地中调减；从节水增粮行动项目区中调减；从城郊都市圈中调减；通过粮改饲调减；通过提升灌区灌溉能力实施"旱改水"调减。据统计，全省结构调整面积中白城、松原、延边三地占比超过80%。

（2）谁来调。突出围绕市场行情和农户意愿进行调整，重点是发挥龙头企业和新型经营主体的带动作用，实行订单种养、产加销融合，带动农户自愿参加，主动调减籽粒玉米面积。按调整主体分，农业企业及订单、规模经营主体调整221.71万亩，占66.7%。其中，粮改饲调减的80万亩全部落实到40个县的985个养殖户。

（3）调什么。重点调减籽粒玉米，改种大豆、水稻、经济作物、饲草和青贮玉米作物、鲜食玉米和蔬菜、食用菌等作物。调减籽粒玉米面积332.58万亩中，实施玉米大豆轮作的71.15万亩，调整为杂粮杂豆的58.69万亩，调整为花生的39.34万亩，调整为水稻的33.34万亩，调整为鲜食玉米的11.47万亩，调整为葵花的9.88万亩，调整为蔬菜（露地菜或棚膜）的10.9万亩，调整为马铃薯的5.97万亩，调整为苏子、藜麦、中草药等其他作物的11.84万亩；粮改饲调减的80万亩，主要改种青贮玉米、粮饲兼用玉米和饲草。以延边州、吉林市、白山市为重点区域，选择6个县落实"一主四辅"（"一主"就是以玉米大豆轮作为主，"四辅"为玉米与马铃薯、饲草、杂粮杂豆、油料作物轮作）的种植模式，开展"米改豆"试点100万亩。

（4）怎么调。坚持"政府指导、市场取向、农民自愿、社会参与"，帮助农民解决结构调整中遇到的实际困难和问题。

3.2.2 进展情况

2016年吉林省调减籽粒玉米332.58万亩，其中252.58万亩调整为大豆、鲜食玉米、杂粮杂豆等作物，部分农户实现订单种植；同时，畜牧部门落实80万亩调减面积，调整为青贮玉米、饲草等。70%以上的玉米调减计划面积由种养大户、农民合作社、农业企业等规模经营主体完成。预计2017年玉米面积减少2000多万亩，调减主要集中在东北地区，大豆增加600多万亩，马铃薯增加近300万亩，杂粮杂豆增加500多万亩。市场紧缺的优质强筋弱筋小麦占小麦总面积的27.5%，比上年提高2.8个百分点。优质稻谷种植面积增加300多万亩。种养结合粮改饲面积1000万亩、增加400万亩。稻田综合种养面积2400多万亩、增加200万亩。

2017年吉林省调减玉米区位重点在七个区域：一是从西部易旱区不具备抗夏伏旱能力地块中调减，重点是松原、白城两市和农安、双辽两县（市）；二是从东部山区不适宜种玉米的坡耕地中调减，在6~20度坡耕地中，按照"先陡后缓"顺序，重点是延边、通化、白山和吉林部分县（市、区）；三是通过提升灌区灌溉能力实施"旱改水"调减，通过灌溉能力提升，挖掘水利设施潜力，实施玉米改种水稻；四是从高标准农田项目区调减，高标准农田建设优先支持优质高效农产品生产；五是从节水增粮行动项目区调减，利用设施条件，种植高效作物；六是从城郊都市圈中调减，围绕大中城市的近郊区（县），发展蔬菜、设施农业、休闲观光农业等；七是通过粮改饲调减籽粒玉米，重点围绕规模饲养场周边，发展青贮玉米、饲草种植。

3.3　基于农户问卷调查的分析

3.3.1　白城市农业生产概况

白城市地处黑龙江、吉林、内蒙古三省（区）交界处，是吉林省西北部的一个地级市。2016年末全市总人口193.5万人，其中，乡村人口107.7万人；全市实现地区生产总值731.2亿元，按可比价格计算比上年增长7%，其中，第一产业增加值109.7亿元，增长3.9%；三次产业结构由2015年的16.5∶45.6∶37.9调整为15.0∶46.9∶38.1。人均占有耕地、草原、宜林地、水面和芦苇面积均居全省首位。全市现有耕地1278万亩，人均6.3亩（农业人口人均10.5亩），是全国的4.8倍、全省的2.2倍。草原面积1711万亩，占全市幅员面积的44%，占全省的20%，其中可利用面积 1328 万亩，年产优质牧草 35 万吨，是典型的农牧交错区。2016 年，全市实现农林牧渔业总产值 223.1 亿元，比上年下降 5.4%。其中，农业产值 138.0 亿元，同比下降 10%；畜牧业产值 64.4 亿元，同比增长 4%。全市粮食作物总播种面积 88.3 万公顷，其中水稻播种面积 15.8 万公顷，玉米播种面积 49.0 万公顷。粮食总产量 413.9 万吨，同比下降 1%。其中，玉米产量 239.9 万吨，同比下降 8%；水稻产量 121.5 万吨，同比增长 26%。[①]

白城市杂粮杂豆生产历史较为悠久，无论是生产规模，还是产品质量在国内都具有较高的知名度，已成为白城市特色农业中的一个亮点。特别是杂粮杂豆具有生育期短、耐旱、耐瘠薄的特性，恰好与白城市干旱的气候特点和瘠薄的土壤条件相适应。白城杂粮杂豆知名商标有：（1）洮北区。白城市农科院的"鹤龙汇"商标，地理标志农产品，包括燕麦和向日葵；吉林省德泰绿豆产业基地集团有限公司，市级龙头企业，"白城绿豆"商标，吉林省著名商标，地理标志农产品包括绿豆等。（2）镇赉县。镇赉县绿禾有机食品公司，省级龙头企业，"绿禾"商标，吉林省著名商标，包括大豆、黑豆、小麦、玉米、绿豆、谷子、水稻、燕麦等；镇赉县嫩江湾米业有限公司，省级龙头企业，"嫩江湾"商标，吉林省著名商标包括小米、豆（未加工）、花生、绿豆、小冰麦。（3）洮南市。吉林省东海粮食集团有限公司，省级龙头企业，出口创汇大户，"延海"商标，吉林省著名商标，包括谷（谷类）、豆（未加工的）；洮南市物资粮油贸易有限公司，省级龙头企业，"洮河绿野"商标，中国驰名商标、吉林省著名商标，包括谷子、芸豆、荞麦、高粱、绿豆、红小豆、黑豆、黄豆等；洮南市敖牛山小米专业合作社，全国一村一品示范村。"敖牛山"商标，吉林省著名商标，包括米、谷类制品。（4）通榆县。通榆县鹤香米业有限责任公司，省级龙头企业，"开荒队"商标，包括杂粮杂豆；通榆新域农副产品加工有限公司，省级龙头企业，"新域"商标，吉林省著名商标，包括绿豆；通榆县金峰（金辉）农产品经贸有限责任公司，省级龙头企业，"嘉粒仓"商标，吉林省著名商标，包括米、谷类制品、豆类制品、瓜子。

---

① 2016 年白城市国民经济和社会发展统计公报，http：//www.bc.jl.gov.cn/content.aspx?id=23327。

（5）大安市。大安市永昌粮库有限责任公司"托托寺"商标，吉林省著名商标，包括杂粮。

3.3.2 白城市种植结构调整进展

1. 进展情况

白城市农村工作委员会下发的《2016 年全市调减普通玉米种植实施方案》中，计划调减普通玉米种植面积 105 万亩，饲料和经济作物面积增加到 288.5 万亩。2016 年白城市普通玉米种植面积实际较上年减少 144.6 万亩，调整的方向主要是饲料作物、杂粮杂豆、经济作物、水稻，种植面积分别较上年增加 21 万亩、59.5 万亩、28 万亩、34.5 万亩。2017 年，白城市人民政府办公室下发了《关于认真做好 2017 年全市农业结构调整指导工作的通知》，籽粒玉米计划调减面积 117.9 万亩。

2. 具体措施

2016 年，白城市调减非优势区玉米种植面积的主要措施是推进"节水增粮"项目区、灌区"旱改水"调减玉米和"粮改饲"试点调减普通玉米。随着"河湖联通"工程的不断推进和引嫩入白、大安灌区、西部土地整理以及农村电网改造等工程的实施，以及"吉林大米"品牌影响力的提升，水稻种植面积增加空间很大。2017 年白城市调减非优势区玉米种植面积的主要措施为：一是依托大生公司、飞鹤乳业、蒙牛集团等在各地的种养殖基地，带动全市饲草饲料作物生产和销售。计划饲料作物种植面积增加 36 万亩。二是各地充分利用"白城燕麦""白城绿豆"等地理标志和品牌优势，发挥洮南市绿豆交易市场、通榆县瞻榆镇杂粮杂豆交易市场等知名企业和交易市场的拉动作用。计划增加杂粮杂豆面积 69.53 万亩。三是发挥区域优势和资源优势，依托洮南市金塔集团、通榆县天意辣椒有限责任公司等龙头企业，积极发展具有白城特色的经济作物，大力推广日光温室大棚等反季节蔬菜瓜类种植。计划增加蔬菜面积 4.9 万亩、瓜类 4.37 万亩、花生 19.61 万亩。由于葵花 2016 年受灾，种植面积减少，全市经济作物总面积与 2016 年比基本持平。四是依托吉林省西部土地开发整理新增耕地及"旱改水",计划增加水稻种植面积 30.6 万亩。以白城市裕丰米业、镇赉嫩江湾米业、大安裕丰农贸米业等龙头企业带动创建一批规模化、集约化、标准化的水稻示范区,打造白城弱碱大米品牌。五是推进"粮改饲"工作,计划落实"粮改饲"作物种植面积 53.8 万亩,其中,青贮玉米 22.3 万亩,燕麦 30 万亩,苜蓿 1.5 万亩。

3.3.3　农户问卷分析

1. 数据来源

数据来自于课题组 2016 年 9 月在白城市的 4 个县（市）、8 个乡（镇）11 个行政村的农户的问卷调查（见表 3-3）。采用随机抽样的方法,采取问卷调查和与基层干部访谈相结合的调研方式,共发放农户问卷 202 份,其中,有效问卷 199 份,问卷有效率 98.51%。

表 3-3　　　　　　　样本农户分布情况及有效样本比例

市	县（市）	乡（镇）	村	样本农户数（户）	有效样本数（户）	有效样本比例（%）
白城市	通榆县	鸿兴镇	绿化村	25	24	96.08
		边召镇	哈拉道村	26	25	
	洮南市	车力乡	车力村、榆林村	25	25	100
		安定镇	友谊村	25	25	
	大安市	联合乡	曙光村	27	27	100
		四棵树乡	来宝村	25	25	
	镇赉县	大屯镇	代头村	21	21	95.92
		建平乡	民生村	28	26	
		合计		202	198	98.02

资料来源:实地调研。

2. 样本基本特征

60 岁以上的户主占比为 10.66%,户主平均年龄为 47 岁,县（市）之间最大相差 9 岁;户主文化程度为初中及初中以上的平均占比为69.54%,县（市）之间最大相差近 10 个百分点;农户家庭平均人口为

4 人，其中，从事农业的劳动力平均为 2 人，吉林省农户在翻地、耕地、播种、收获等环节基本实现了机械化，农忙时一般都会雇佣农机作业；户均耕地面积为 82.53 亩，县（市）之间差距非常大，其中，旱地所占比例平均为 69.22%，农户有耕地转入行为的比例平均为 62.58%，转入的耕地主要来源是向本村或邻村村民租赁，也有小部分是无偿耕种亲戚朋友外出打工闲置的耕地（见表 3 - 4）。

表 3 - 4　　　　　　　　　　　样本农户的基本统计特征

市	县（市）	户主平均年龄（岁）	户主文化程度（%）	家庭中从事农业的劳动力（人）	户均耕地面积（亩）
白城市	通榆县	47	63.27	2.18	96.14
	洮南市	44	72.00	1.96	115.45
	大安市	53	69.23	1.98	43.49
	镇赉县	45	73.91	1.79	76.49
平均		47	69.54	1.98	82.53

注：户主文化程度指初中及初中以上文化程度的户主所占比例；家庭从事农业的劳动力指实际从事农业活动的家庭成员，部分成员年龄超过 60 周岁；户均耕地面积指实际耕种的土地面积，包括自有耕地、开荒和转入的耕地。

资料来源：实地调研。

3. 农户种植结构分析

农户种植的粮食作物主要是玉米（包括制种玉米）、绿豆、谷子、高粱、小麦和水稻；经济作物主要是西瓜、花生、辣椒、中药材、香瓜、蔬菜、芝麻等，但是数量不多，原因是经济作物一般要求水资源条件较好的耕地种植；畜产品主要是鸡、鸭、羊、猪等，但是数量较少，且基本都自用。

2014 年，玉米临时收储价格最高，吉林是每斤 1.12 元，样本农户玉米播种面积平均为 44.04 亩；2015 年，玉米临时收储价格首次下调，每斤 1 元，样本农户玉米播种面积平均为 54.66 亩，占耕地总面积的 66.23%，其中，通榆县、洮南市、大安市、镇赉县玉米播种面积分别占耕地总面积的 78.89%、54.78%、86.73%、54.69%；2016 年，玉米临时收储调整为玉米生产者补贴，样本农户玉米播种面积减少到平均 45.63 亩，其中，洮南市、大安市玉米播种面积都增加，通榆县玉米播种面积减少了 55.75%（见表 3 - 5）。据课题组了解，通榆县土壤盐碱程度高，玉米单产不足优势产区一半，2015年多数种植玉米的农户只能刚刚保本，普遍有调减意愿；通榆县平均每个农业人口草原占有量居吉林省第一位。2016年，被确定为"青贮玉米高产高效技术模式示范推广工作"试点县，种植面积为1110亩，同时开展了60亩的品比试验，创新采用"公司＋合作社＋农户"生产模式。据了解，示范田青贮玉米亩收益660元，按上年价格计算，比种植籽粒玉米收入增收120元。以通榆县鸿兴镇绿化村为例测算，2016年与奶牛养殖合作社签订30亩青贮玉米订单，每亩产4吨，收入1.2万元，还能得到国家粮改饲政策补贴每亩150元，效益是籽粒玉米的2倍。

表3-5　　　　　样本农户的玉米种植变化情况　　　　　单位：亩

市	县（市）	2014年	2015年	2016年
白城市	通榆县	45.36	75.84	33.56
	洮南市	58.93	63.24	71.31
	大安市	36.75	37.72	38.12
	镇赉县	34.73	41.83	39.05
平均		44.04	54.66	45.63

资料来源：实地调研。

4. 杂粮种植成本分析

据课题组在白城市镇赉县保民乡保民村对典型普通种植农户的测算，2016年种植玉米22.5亩，单产800斤，出售价格每斤0.56元（28%水分），生产投入每亩500元，加上玉米生产者补贴每亩118.67元，亩均净利润（不含投工）116.67元。低于2015年绿豆（亩收益420元）、谷子（亩收益850元）、高粱（亩收益434元）和水稻（亩收益1050元）（见表3-6）。但是据课题组了解，"旱改水"每亩需投入约1000元，且对耕地质量有较高要求，发展潜力有限。

表3-6　　　　2015年典型样本农户杂粮种植成本收益情况

农作物	单产（斤/亩）	单价（元/斤）	亩成本（元/亩）	亩收益（元/亩）
绿豆	250	4.4	680	420
谷子	600	1.7	170	850
高粱	340	1.6	110	434
水稻	1000	1.5	450	1050

资料来源：实地调研。

5. 影响杂粮种植的主要因素

（1）政府政策宣传不够。从农户问卷调查的情况看，80.23% 被调查农户不知道 2016 年玉米临时收储政策改革为生产者补贴制度。农户获取这些信息的主要来源依次是政府的电视电台广播、政府工作人员的讲解、网络、政府的宣传材料、听邻居/亲戚/朋友说。（2）市场价格下跌是造成农户种植玉米收益下降的主要原因，绝大多数农户开始减少或有减少玉米种植面积的想法。84.62% 的样本农户认为当地的土质和种植技术都适合种植杂粮、马铃薯、花生、葵花等耐旱型作物，但是普遍担心改种后的市场销售问题，虽然玉米市场价格下跌，但是近几年看销售没问题。水资源条件较好的地区，农户认为改种大棚蔬菜、西瓜等经济作物效益也不错，但是这类经济作物上市期集中在 1～2 个月，面临的最大问题仍然是市场销售问题。（3）现有的企业（包括合作社）规模偏小，受资金、技术等方面的制约，不能带动多数农户玉米结构调整。洮南市是吉林省唯一的一个国家级玉米制种基地市（县），加入洮南市车力乡玉米制种合作社的农户一亩制种玉米的保底收入是 2800 元，但是受资金的制约，周边可用玉米制种面积达到了 20 万亩以上，合作社实际经营的制种玉米种植面积也仅有 4.5 万亩。

3.4　本章小结

第一，吉林省是全国杂粮杂豆的主要生产基地。主要的杂粮品种有高粱、谷子、糜子、向日葵、燕麦、花生等，杂豆主要有绿豆、红小豆、黑豆、豇豆、芸豆等。2015 年，全省杂粮杂豆实际种植面积 750 万亩，近年来，杂粮杂豆以其独有的特色和品质，已逐渐成为吉林农民增收致富的支柱产业。

第二，2016 年，吉林省调减籽粒玉米 332.58 万亩，其中，252.58 万亩调整为大豆、鲜食玉米、杂粮杂豆等作物，部分农户实现订单种植。预计 2017 年玉米面积减少 2000 多万亩，调减主要集中在东北地区，大豆增加 600 多万亩，马铃薯增加近 300 万亩，杂粮杂豆增加 500 多万亩；白城市计划调减普通玉米种植面积 105 万亩，饲料和经济作物面积增加到 288.5 万亩。2016 年白城市普通玉米种植面积实际较上年减少 144.6 万亩，调整的方向主要是饲料作物、杂粮杂豆、经济作物、水稻，种植面积分别较上年增加 21 万亩、59.5 万亩、28 万亩、34.5 万亩。2017 年，白城市人民政府办公室下发了《关于认真做好 2017 年全市农业结构调整指导工作的通知》，籽粒玉米计划调减面积 117.9 万亩。

第三，白城市杂粮杂豆生产历史较为悠久，无论是生产规模还是产品质量，在国内都具有较高的知名度，已成为白城市特色农业中的一个亮点。特别是杂粮杂豆具有生育期短、耐旱、耐瘠薄的特性，恰好与白城市干旱的气候特点和瘠薄的土壤条件相适应。从农户问卷调查的情况看，84.62% 的样本农户认为当地的土质和种植技术都适合种植杂粮、马铃薯、花生、葵花等耐旱型作物，但是普遍担心改种后的市场销售问题。此外，现有的企业（包括合作社）规模偏小，受资金、技术等方面的制约，不能带动多数农户玉米结构调整。

第 4 章

内蒙古种植结构调整进展情况调查

内蒙古自治区横跨中国东北、华北、西北三大地区，接邻 8 个省（区），是中国邻省最多的省级行政区之一。面积为 118.3 万平方公里，占全国总面积的 12.3%；常住人口为 2520.1 万人，占全国总人口的 1.83%。现辖 9 个地级市、3 个盟、满洲里和二连浩特 2 个计划单列市、52 个旗、17 个县、11 个县级市、23 个区。内蒙古位于北纬 37°~53°，是全国最佳的奶牛、绒山羊养殖带，玉米、杂粮杂豆、马铃薯种植带，农畜产品资源多样性特征明显，纯天然、无污染的绿色农畜产品资源丰富。全区人均耕地面积 0.24 公顷，是全国人均耕地面积的 3 倍，居全国第一位，粮食产量从 2003 年的 272 亿斤快速上升到 2016 年的 556.04 亿斤，实现了历史性的"十三连丰"，总产量全国排第 10 位。内蒙古是我国 13 个粮食主产省区之一，每年为国家提供商品粮超过 200 亿斤，是全国净调出粮食的 5 个省区之一，农民人均储粮和人均占有粮食分别排在全国第 2 位和第 3 位。

2016 年，全区实现地区生产总值 18632.6 亿元，比上年增长 7.2%。其中，第一产业增加值 1628.7 亿元，增长 3.0%，三次产业比例为 8.8∶48.7∶42.5。2016 年，粮食作物播种面积 8677.5 万亩，增长 1.0%。粮食总产量达 2780.3 万吨，比上年下降 1.7%。其中，小麦总产量达到 169.9 万吨，增长 7.4%；玉米总产量 2143.3 万吨，下降 4.8%；稻谷总产量 63.2 万吨，增长 18.8%；大豆总产量 100.5 万吨，增长 13.2%；薯类总产量 840 万吨，增长 14.3%。①

4.1 内蒙古杂粮生产概况

内蒙古粮食生产以玉米、小麦、水稻、大豆、马铃薯五大作物和谷子、高粱、莜麦、糜黍、绿豆等杂粮杂豆为主。中西部丘陵旱作区为优质马铃薯、杂粮杂豆生产基地。马铃薯播种面积居全国首位，产量居全国第 5 位；杂粮杂豆中高粱的播种面积和产量均居全国第 2 位；谷子播种面积居全国第 2 位，产量居全国第 3 位；红小豆播种面积产量均居全国第 2 位和第 3 位；绿豆播种面积和产量均居全国第 2 位。内蒙古自治区人民政府办公厅印发的《内蒙古自治区粮食行业"十三五"发展规划纲要》提出，玉米、杂粮杂豆全区广有种植，在东部盟市和呼和浩特市、乌兰察布市等杂粮产区发展杂粮加工业，加强杂粮加工技术的开发，提高杂粮加工规模和技术水平，加快杂粮食品开发与生产；在乌兰察布市、呼伦贝尔市等马铃薯主产区发展马铃薯加工，鼓励发展以马铃薯为原料的方便食品、膨化食品、保鲜食品，降低能耗，加强综合利用和废水处理。

4.1.1 近年来生产情况

2011~2015 年，内蒙古谷物播种面积由 5729 万亩增加到 6786 万亩，增幅 18.46%，其中，玉米的播种面积由 4005 万亩增加到 5111 万亩，增幅 27.6%。其他谷物播种面积年际间波动较大，其中，谷子、莜麦、糜黍的播种面积平均分别占其他谷物播种面积的 33.47%、9.73%、6.78%；食用豆类播种面积在 2014 年下降到 114 万亩后，2015 年又上升至 240 万亩；薯类的播种面积呈持续下降趋势（见表 4-1）。

---

① 内蒙古自治区 2016 年国民经济和社会发展统计公报。

表 4 - 1　　　　　　　　　2011～2015 年内蒙古杂粮播种面积　　　　单位：万亩

品种	2011 年	2012 年	2013 年	2014 年	2015 年
其他谷物	737	803	648	665	711
谷子	206	213	—	—	297
莜麦	60	93	54	66	74
糜黍	60	47	45	42	48
食用豆类	503	335	287	114	240
薯类	1080	1022	918	813	770

注："—"为没有统计数据。

资料来源：内蒙古统计局。

内蒙古谷子生产主要集中在赤峰市、通辽市、兴安盟、乌兰察布市、呼和浩特市，合计占自治区总播种面积的 98.36%，其中，赤峰市占比就高达 78.87%。通辽市谷子单产最高，约为每亩 187 千克（见表 4－2）。谷子生产主要集中在赤峰市、通辽市、兴安盟，合计占自治区总播种面积的98.98%，其中，赤峰市占比为 50.36%。兴安盟高粱单产最高，约为每亩404 千克。糜子生产主要集中在鄂尔多斯市、呼和浩特市、兴安盟、通辽市和乌兰察布市，合计占自治区总播种面积的 87.31%，其中，鄂尔多斯市占比为 41.9%。呼和浩特市糜子单产最高，约为每亩 150 千克。

表 4 - 2　　　　　2013～2015 年内蒙古各盟（市）谷子、高粱、糜子生产情况

市(盟)	谷子			市(盟)	高粱			市(盟)	糜子		
	播种面积（万亩）	总产量（万吨）	单产（千克/亩）		播种面积（万亩）	总产量（万吨）	单产（千克/亩）		播种面积（万亩）	总产量（万吨）	单产（千克/亩）
赤峰市	193.40	29.98	155.58	赤峰市	75.88	20.90	275.73	鄂尔多斯市	5.83	0.61	106.13
通辽市	18.64	3.36	186.87	通辽市	38.24	14.80	384.91	呼和浩特市	2.89	0.43	149.58
兴安盟	11.14	1.68	146.04	兴安盟	31.99	13.07	404.44	兴安盟	1.62	0.24	149.07
乌兰察布市	9.06	1.01	110.47	呼和浩特市	2.37	0.61	259.24	通辽市	1.03	0.09	82.11
呼和浩特市	8.96	1.10	130.76	乌兰察布市	1.14	0.24	237.89	乌兰察布市	0.78	0.07	90.56

资料来源：内蒙古调查年鉴（2014～2016 年）。

内蒙古荞麦生产主要集中在赤峰市、通辽市、包头市，合计占自治区总播种面积的 80.71%，其中，赤峰市、通辽市合计占比 61.11%。通辽市

荞麦单产最高，约为每亩 104 千克（见表 4 - 3）。莜麦生产主要集中在乌兰察布市、呼和浩特市、锡林郭勒盟，合计占自治区总播种面积的85.32%。赤峰市莜麦单产最高，约为每亩 123 千克。黍子生产主要集中在赤峰市、乌兰察布市、呼和浩特市，合计占自治区总播种面积的86.8%，其中，赤峰市占比为 38.59%。呼和浩特市黍子单产最高，约为每亩 163 千克。大麦生产主要集中在呼伦贝尔市、兴安盟，其中，呼伦贝尔市占比为75.1%。呼伦贝尔市大麦单产最高，约为每亩 316 千克。

表 4 - 3   2013~2015 年内蒙古各市（盟）荞麦、莜麦、黍子、大麦生产情况

| 市(盟) | 荞麦 | | | 市(盟) | 莜麦 | | | 市(盟) | 黍子 | | | 市(盟) | 大麦 | | |
	播种面积(万亩)	总产量(万吨)	单产(千克/亩)		播种面积(万亩)	总产量(万吨)	单产(千克/亩)		播种面积(万亩)	总产量(万吨)	单产(千克/亩)		播种面积(万亩)	总产量(万吨)	单产(千克/亩)
赤峰市	36.45	2.73	74.44	乌兰察布市	22.75	1.56	71.89	赤峰市	11.95	1.16	97.49	呼伦贝尔市	41.54	13.46	316.38
通辽市	26.34	2.73	104.18	呼和浩特市	18.19	1.59	87.40	乌兰察布市	8.96	1.01	113.24	兴安盟	7.93	1.42	186.84
包头市	20.13	0.77	39.82	锡林郭勒盟	16.70	0.96	65.56	呼和浩特市	5.97	0.96	162.51	乌兰察布市	3.49	0.19	68.89
呼和浩特市	9.11	0.53	59.27	赤峰市	4.59	0.96	123.22	通辽市	2.04	0.25	124.67	呼和浩特市	1.29	0.13	113.13
乌兰察布市	5.00	0.24	48.42	包头市	3.51	0.14	40.16	鄂尔多斯市	1.66	0.17	96.27	通辽市	0.32	0.06	163.60

资料来源：内蒙古调查年鉴（2014~2016 年）。

内蒙古杂豆生产主要集中在兴安盟、赤峰市、通辽市、呼伦贝尔市，合计占自治区总播种面积的 75.38%，其中，兴安盟、赤峰市合计占比46.58%。绿豆生产主要集中在兴安盟、赤峰市、通辽市，合计占自治区总播种面积的 68.06%，其中，兴安盟、赤峰市合计占比 52.88%。呼伦贝尔市绿豆单产最高，约为每亩 99 千克（见表 4 -4）。

表 4 - 4   2013~2015 年内蒙古各市（盟）杂豆、绿豆生产情况

| 市（盟） | 杂豆 | | 市（盟） | 绿豆 | | |
	播种面积(万亩)	总产量(万吨)		播种面积(万亩)	总产量(万吨)	单产(千克/亩)
兴安盟	74.58	5.20	兴安盟	63.77	4.47	71.91
赤峰市	58.95	2.75	赤峰市	51.72	2.46	50.71
通辽市	41.87	2.42	通辽市	33.15	1.77	51.09
呼伦贝尔市	40.67	4.85	呼和浩特市	10.37	0.76	73.02
呼和浩特市	12.81	0.91	呼伦贝尔市	5.40	0.57	98.60

资料来源：内蒙古调查年鉴（2014~2016 年）。

内蒙古马铃薯生产主要集中在乌兰察布市、呼和浩特市、锡林郭勒盟、包头市、呼伦贝尔市，合计占自治区总播种面积的86.08%，其中，乌兰察布占比43.7%。呼伦贝尔市马铃薯单产最高，约为每亩433千克（见表4-5）。

表4-5　　　　2013~2015年内蒙古各市（盟）马铃薯生产情况

市（盟）	播种面积（万亩）	总产量（万吨）	单产（千克/亩）
乌兰察布市	385.52	61.16	158.53
呼和浩特市	106.51	17.12	160.16
锡林郭勒盟	89.00	23.21	260.73
包头市	82.85	13.21	158.09
呼伦贝尔市	71.93	31.45	433.33

资料来源：内蒙古调查年鉴（2014~2016年）。

2010~2015年内蒙古杂粮出售价格水平总体看呈下降趋势。其中，谷子、高粱2015年价格指数最低；荞麦2012年价格指数最低；马铃薯2011年价格指数最低（见表4-6）。同期，大部分杂粮的生产成本变化不大，由此可见，种植杂粮的收益总体呈下降趋势。

表4-6　　　　2010~2015年内蒙古部分杂粮生产价格指数

品种	2010年	2011年	2012年	2013年	2014年	2015年
谷子	115.9	97.7	95.3	110.6	110.3	94.7
高粱	109.8	104.6	108.3	104.9	105.1	94.7
荞麦	147.4	129.5	82.3	90.1	114.4	97.1
马铃薯	139.2	66.5	90.0	117.4	102.9	96.8

资料来源：内蒙古统计局。

4.1.2　发展基础

内蒙古是我国重要的杂粮生产省份。其他谷物及食用豆类杂粮的种植面积以及产量都在全国名列榜首。其中，马铃薯种植面积、荞麦产量、绿豆产量均居全国首位，燕麦、谷子产量居全国第二，是当之无愧的杂粮大省。2015年，内蒙古成为国家马铃薯主食产品及产业开发第一批9

个试点省份之一，乌兰察布市被中国食品工业协会命名为"中国马铃薯之都"；赤峰市成为全国和内蒙古自治区唯一一个杂粮出口转型升级示范基地。

"绿色、环保"是内蒙古杂粮的鲜明特色。内蒙古着力引进优质杂粮品种，提供全程技术服务，严格生产规程，积极开展品牌杂粮的地理标志证明、商标注册和绿色认证，力争将内蒙古杂粮打造成营养、天然的健康食品。经过多年的发展，内蒙古杂粮已形成了一定的生产规模和质量标准，逐步发展了一些专业化、实业化、外向型的杂粮经营企业，如燕谷坊、正隆谷物、蒙清、知谷等。

杂粮品牌也初具规模。赤峰的谷子，赤峰、通辽两市的高粱、绿豆，乌兰察布的杂豆，鄂尔多斯的黍子，巴彦淖尔的糜子，武川莜麦等都以其质优、无污染而享誉国内外。2009 年，"蒙田"小米在第七届中国国际农产品交易会上获得金奖；2014 年，"八千粟"牌小米获中国国际粮油产品及设备技术展览会金奖；2016 年，"后旗红"牌马铃薯、"谷道粮原"牌有机小米、"农乡丰"绿豆获第十四届中国国际农产品交易会金奖。

4.1.3 杂粮品牌建设

2016 年，首届中国（呼和浩特）杂粮产业博览会暨杂粮电商节于 10 月 14～16 日在内蒙古国际会展中心举行，期间举办了 2016 国际杂粮产业发展极致峰会、杂粮产业博览会、杂粮电商节、寻找中国好食材系列活动、优质杂粮产品推介会、2016 中国杂粮行业颁奖盛典、杂粮美食品鉴会、杂粮美食文化节等活动。截至 2014 年底，赤峰敖汉旗认证无公害杂粮产品 33 个，认证绿色杂粮产品 10 个，认证有机杂粮品牌 11 个，认证"敖汉小米"和"敖汉荞麦"2 个地理标志产品，打造了一批谷子、荞面知名品牌。特别是"八千粟"牌杂粮系列、"沃野"牌小米、"天然"牌免淘小米、"华夏第一村"牌小米、"孟克河"牌有机小米系列产品，经过中国农业大学有机农业技术研究中心的专家指导、北京东方嘉禾认证中心的有机认证、中国有机农业产业发展联盟的推广，已经进入全国各大中心城市和东南亚地区。

4.1.4 杂粮地理标志产品

1. 敖汉小米

敖汉旗地处燕山山脉努鲁尔虎山北麓,科尔沁沙地南缘,山坡地较多,北部平原开阔、丘陵起伏,沙地居多,是典型的旱作农业区,全旗有2/3的耕地是旱地,属于雨养农业。敖汉有效积温高,昼夜温差大,光照充足,独特的气候条件,不同的土壤类型,使敖汉杂粮生产更具地方特色,当地南部生产的小米口感好,所以有"敖汉杂粮,悉出天然"一说。敖汉旗小米有着悠久的种植历史,2003年敖汉旗兴隆洼遗址出土的粟和黍的碳化颗粒标本经专家考证认为,这批七八千年的谷物遗存是中国北方旱作农业谷物的唯一实证,比中欧地区发现的小米早2000多年。这些谷物至今仍是敖汉旗及周边地区的主要种植作物之一,而且依然采用传统的耕种模式,沿用古老的耕种制度和机制。目前,敖汉旗已被列为全球重要农业文化遗产主要候选地之一。敖汉旗自然环境适合谷子生长,建设了以宝国吐、林家地为中心的谷子产业带,谷子生产逐渐形成区域化种植、规模化生产、产业化经营的格局。谷子施用农家肥,采用生物技术防治病虫害,赢得了"优质杂粮出赤峰,绿色杂粮在敖汉"的美誉。随着人们对农产品质量安全问题的重视,敖汉旗开展了谷子无公害生产,制定了《谷子标准化生产技术规程》,农民按照规程要求操作。加强谷子无公害生产基地的申请认证工作,认证无公害谷子品种8个、有机小米品种1个,已认证面积30万亩。2013年5月24日,国家质检总局对敖汉小米给予地理标志产品保护,保护范围为敖汉旗所辖行政区域。

2. 乌兰察布莜麦

乌兰察布市地处北纬41°~43°,是世界公认的莜麦黄金生长纬度带,所种植的莜麦内在品质优良,营养丰富,在禾谷类作物中β-葡聚糖、蛋白质、脂肪含量均高于其他同类产品。莜麦是乌兰察布市的传统粮食作物之一,有着悠久的种植和食用历史,经过多年的发展,现已成为乌兰察布市优势产品和主导产业。到2020年,乌兰察布市将实现建设200万亩高产优质莜麦生产基地，平均单产水平由每亩 75 千克提高到每亩 125 千克，最终实现年加工燕麦能力 25 万吨，在"中国薯都"基础上打造"中国燕麦之乡"。2017 年 1 月 7 日，"乌兰察布莜麦"成为地理标志农产品。

3. 库伦荞麦

库伦旗有着种植荞麦的悠久历史，库伦荞麦由于特殊的地理环境和气候特点形成了独特的品质，因其富含蛋白质、脂肪和具有保健功能的多种矿物质元素及维生素而深受人们的青睐。尤其是所含特有的芦丁成分，具有软化血管、降低血脂和胆固醇的功能，成为患有糖尿病、高血压、肥胖症等慢性疾病人们的重要主食。库伦荞麦也以其品质优良而闻名国内外，2006 年国家商标总局正式批准"库伦荞麦"原产地证明商标，成为全区第一个农产品原产地证明商标。库伦旗依托"荞麦原产地商标认证"的品牌优势，精心打造以荞麦为主的杂粮品牌，在龙头加工企业的引领下，其系列产品拿到了国际订单，走出了国门，远销到东南亚和欧美市场。荞田生态科技有限公司在库伦旗建起了荞麦深加工厂。企业引进国内外一流的加工设备，主营荞麦及荞麦米、荞麦面、荞麦壳等产品。同时，它们还实行"公司＋基地＋农户"的经营模式，不断加大以荞麦为主的种植、加工、销售力度，开始走上产业化的道路。在荞田生态科技有限公司的带动下，全旗有 15 个小杂粮品种通过了德国 BCS 认证，目前通过企业加工小杂粮已出口创汇 400 多万美元。

4. 固阳燕麦

固阳县位于内蒙古自治区中西部，地势南高北低，东部高于西部，属温带大陆性气候，非常适合燕麦的种植。燕麦在固阳县的生产栽培历史已有 100 多年，是固阳县的主要粮食作物之一。在固阳当地，人们称燕麦为蒙古军粮、风铃草，当地农民以传统方式耕作，不施化肥，不打农药，纯净天然，风味独特，营养丰富。固阳有"固阳莜麦甲天下"之誉。2011 年 6 月，以固阳燕麦为原料的莜面手工制作技艺项目入选中国农业非物质文化遗产展演，成为内蒙古自治区 3 个入选项目之一。同年，"固阳燕麦"被授予内蒙古名牌产品。2012 年，"固阳燕麦"通过国家质检总局地理标志保护产品技术审查委员会审查，成为包头市首个地理标志保护产品。保护范围拟界定为西斗铺镇、兴顺西镇、怀朔镇、银号镇 4 个镇。

5. 达茂马铃薯

达茂旗位于阴山之北，雨热同季、降水少而集中，日照长、光照足，具备种植马铃薯的优越气候环境，土壤又多为栗钙土和沙壤土，是马铃薯喜好生长的土地，且土壤、水源和大气均无污染，是生产马铃薯的理想之地。2015 年 5 月 24 日，国家质检总局对达茂马铃薯给予地理标志产品保护，保护范围为达茂联合旗百灵庙镇、石宝镇、乌克忽洞镇、小文公乡、西河乡共 5 个乡镇现辖行政区域。

6. 武川土豆

武川素有"马铃薯之乡"的美誉。"武川土豆"皮色鲜亮、肉质甘沙、松软适口，其含铁量居全国土豆之首，是典型的高蛋白、低糖分、低脂肪食品，被誉为"内蒙古后山三件宝之首"。目前，土豆已成为武川县农民收入的主要来源。近年，武川县土豆种植面积稳定在 65 万亩左右，年产量近 80 万吨，已形成"种薯、鲜薯、加工薯"三薯并重和"种植、销售、窖储、加工、科研"五路并进的产业化格局，成为优质种薯繁育基地、商品薯生产基地和鲜薯深加工基地。2008 年，武川县被批准为"国家级绿色马铃薯种植标准化示范区"，北京奥组委把武川土豆确立为"运动员指定食用产品"。2010 年，武川土豆成为上海世博会指定食品和展品。2016 年 2 月 1 日，国家质检总局对武川土豆给予地理标志产品保护，是武川县第一个地理标志产品，保护范围为武川县可可以力更镇、西乌兰不浪镇、哈乐镇、二份子乡、哈拉合少乡、得胜沟乡、大青山乡、上秃亥乡、耗赖山乡共 9 个乡镇现辖行政区域。

7. 武川莜面

民间自古传颂"阴山莜面甲天下"，武川地处阴山北麓，享有"莜面之乡"的美誉。武川俗称"后山"，属温凉旱薄区，这里旱坡地面积大，日照时间长，昼夜温差大。莜麦喜寒凉、耐干旱、抗盐碱，非常适宜这里的气候和独特的生态环境，加之特殊的加工工艺，造就了武川莜面特有的质量特色和优良的品质风味。武川莜面可制成五大系列的食品——蒸、炸、汆、烙、炒，有 40 多个品种，其制作方法多样，搓、推、擀、卷各具特色。2009 年，武川莜面制作技艺列入自治区级非物质文化遗产名录，现在正在申报国家非物质文化遗产名录。武川县一直重视武川莜面品牌的开发和振兴，对武川莜面品牌进行了挖掘和整理，从 2013 年至今连续举办四届"内蒙古·武川莜面文化节"，提升了武川莜面的品牌效应。2016 年 11 月 4 日，国家质检总局对武川莜面给予地理标志产品保护，保护范围为武川县可可以力更镇、西乌兰不浪镇、哈乐镇、二份子乡、哈拉合少乡、得胜沟乡、大青山乡、上秃亥乡、耗赖山乡现辖行政区域。

4.2 内蒙古种植业结构调整进展

根据《农业部关于"镰刀弯"地区玉米结构调整的指导意见》，2016 年 4 月 22 日，内蒙古自治区农牧业厅制定了《内蒙古玉米结构调整实施意见》，力争到 2020 年，全区玉米优势区域集中度达到 90% 以上，调减籽粒玉米种植面积 1000 万亩，其中压减籽粒玉米 500 万亩，转籽粒玉米为青贮玉米 500 万亩。内蒙古自治区农牧业厅印发的《内蒙古 2017 年种植业工作要点》中提出，非优势区玉米面积再调减 200 万亩，其中压减 100 万亩，转青贮 100 万亩。

4.2.1 具体做法

籽粒玉米调减区主要包括呼伦贝尔市、兴安盟、通辽市的北部等高纬度冷凉区；中西部偏北严重缺水、生态承载能力较低的山沙旱作区和高海拔冷凉区；玉米种植面积不足 10 万亩、不具备形成主导产业的非主产旗县以及主产旗县中水热资源较差、比较效益低的区域，主要涉及 8 个盟市的 41 个旗县区。重点任务是调减产量低、水分高、品质差和种植生态环境代价大的籽粒玉米种植面积。主攻方向是通过市场引导和政策扶持，压减该区域籽粒玉米种植面积。东北地区发挥种植大豆的传统优势，发展粮豆轮作种植模式，加强技术指导有效避免药害发生；中西部严重干旱区及种植比较效益低的地区，大力发展具有地区特色的主粮和向日葵、绿豆、荞麦、莜麦、谷子等绿色特色产业，走特色路、打绿色牌，以质取胜、以质增效。重点抓好精深加工和品牌创建，保护好地方独特的产品资源和品牌资源，将资源优势转化为产业优势、产品优势和竞争优势，以替代的优势产业发展带动玉米结构调整。到 2020 年在以上地区计划压减籽粒玉米 500 万亩，东北冷凉区重点改种大豆、马铃薯及其他作物；中西部严重干旱区重点改种马铃薯、杂粮杂豆、小麦、葵花和冷凉蔬菜，其中 2016 年计划压减玉米 200 万亩以上。

籽粒玉米转青贮区主要是农牧交错区，是连接内蒙古自治区农业种植区和草原生态区的过渡地带，该区基本沿 400 毫米年降水量等值线分布。属于半干旱半湿润气候区，土地资源丰富，光热条件好，年均温度 2℃ ~ 8℃，年际间降水变化大；农区畜牧业聚集区多数为交通便利、地域辽阔、劳动资源丰富的优势主产区。这两个区域主要包括内蒙古自治区 10 个盟市的 66 个旗县。重点任务是引导籽粒玉米向粮草轮作、粮改饲和玉米整株青贮转变。主攻方向是要在推进玉米结构调整的同时，综合考虑遏制沙化、荒漠化，把保护农业生态环境放在突出重要的位置。选择水源条件相对较好的地块进行籽粒玉米转青贮种植，条件较差的地区推进粮改饲种植，发展多年生优质牧草，恢复自然生态环境。农区畜牧业聚集区重点加大订单生产，选择蛋白含量高、活秆成熟、适合整株青贮的玉米品种；推进规模化种植、标准化生产、大型机械化作业，发挥新型经营主体辐射带动作用，进行集中连片种植，逐年合理轮作倒茬，与养殖企业形成诚信、稳定、长期的合作关系。

4.2.2　进展情况

2016 年，内蒙古压缩籽粒玉米 933 万亩，粮饲兼用型青贮玉米面积达到 827 万亩，超额完成了农业部下达的 5 年调减 1000 万亩玉米的任务。所辖的通辽市是国家重要的商品粮基地，粮食产量位居内蒙古首位，全国 18

个粮食产量超过 100 亿斤的地级城市之一，全国 33 个粮食生产先进市之一。2015 年通辽市粮食播种面积为 1428 万亩，粮食总产量达到 690 万吨，分别占内蒙古粮食播种面积和产量的 16.6% 和 24.4%。其中，玉米总产量 651 万吨，占内蒙古总产量的比例为 28.9%，是内蒙古玉米播种面积和产量最大的盟市。通辽市的红干椒、蓖麻、荞麦、绿豆等产品的国际声誉很高。2016 年通辽市粮用玉米播种面积 1322 万亩，较上年减少 311 万亩；大田青贮玉米播种面积 267 万亩，较上年增加 112 万亩；播种水稻 41.31 万亩，较上年增加 2.5 万亩；种植荞麦 41 万亩，较上年增加 5 万亩；经济作物播种 231 万亩，较上年增加 18 万亩。

内蒙古自治区发改委价格监测中心数据显示，2017 年内蒙古农民种植意向发生明显变化，玉米种植意向减弱，小麦、粳稻、大豆种植意向增强，其他粮经作物葵花、白瓜子等价格波动较大的品种播种意向减弱，杂粮杂豆、青储饲料等粮经作物种植意向增强。

4.3　基于农户问卷调查的分析

4.3.1　乌兰察布市农业生产概况

乌兰察布市地处中国正北方，内蒙古自治区中部，在内蒙古所辖 12 个盟市中，距首都北京最近。2015 年末，常住人口 210.67 万，其中，乡村人口 109.86 万人；农林牧渔业总产值 229.77 亿元，占全市总产值的 24.47%。全市现有耕地 1361.6 万亩，人均 6.46 亩（农业人口人均 12.39 亩），是全区的 1.2 倍，其中，旱地面积占比 87.31%。乌兰察布市是内蒙古自治区的畜牧业大市，天然草场面积 5152.8 万亩，可利用草场面积为 4643.3 万亩，草场面积占全市部面积的 63%。2015 年农业产值、牧业产值分别占农林牧渔业总产值的 51.38%、42.21%。乌兰察布市是全国生产杂粮较大的地区之一，是内蒙古自治区最大的生产多种珍贵杂粮杂豆基地。乌兰察布市种植杂粮历史悠久，分布范围广、面积大，是当地经过长期环境、气候选择后的适应性作物。广大农民具有传统的种植、加工和食用习惯，对杂粮的种植积累了丰富的经验。莜麦产量居全区之首，是全国的荞麦主产区，杂豆类主要的作物品种有大豆、蚕豆、豌豆、黑豆、绿豆和芸豆等。

2016年，全年地区生产总值完成938.87亿元，比上年增长6.8%。其中，第一产业完成增加值127.92亿元，增长3.3%。三次产业结构由2015年的14.5∶48.6∶36.9调整为2016年的13.6∶49.0∶37.4。2016年，全市粮食作物播种面积123.6万亩，下降1.3%。全年粮食总产量达到105.2万吨，增长4.6%。其中，小麦产量8.89万吨，增长4.3%；玉米产量27.71万吨，增长2.4%；薯类产量58.8万吨，增长1.3%；大豆产量1.46万吨，增长35.2%。[①]

4.3.2　乌兰察布市种植结构调整进展

1. 进展情况

乌兰察布市计划到2020年调减籽粒玉米20万亩，增加青贮玉米30万亩。2016年乌兰察布市籽粒玉米实际种植面积90.6万亩，较2015年减少56万亩；青贮玉米40万亩，较2015年增加10万亩。其中，凉城县籽粒玉米实际种植面积26万亩，较2015年减少10.5万亩；青贮玉米4.5万亩，较2015年增加1.6万亩；甜玉米1.5万亩，较2015年减少0.5万亩。兴和县籽粒玉米和青贮玉米实际种植面积16万亩，较2015年减少4万亩。

2. 具体措施

一是调减籽粒玉米的播种面积，引导向青贮玉米和优质鲜食玉米转变，提高青贮玉米种植面积。2016年全市种植玉米135万亩，转青贮玉米19万亩，种植面积较上年压减41万亩。二是进一步优化马铃薯种植结构，在稳定400万亩种植面积的基础上，大力推广脱毒种薯和适销对路的专用薯面积。2016年，优质种薯稳定在80万亩，在保障全市优质种薯充足供给的同时，实现了外销；以夏波蒂、费乌瑞它、冀张薯系列等为主的优质加工专用薯达到119万亩。三是全力打造"燕麦之都"，加快以燕麦为主的杂粮杂豆产业

① 乌兰察布市2016年国民经济和社会发展统计公报。

建设。2016 年全市种植以燕麦为主的杂粮杂豆面积 158.5 万亩，较上年翻了一番。在结构调整中进一步扩大藜麦种植范围和规模，积极探索实施马铃薯与藜麦轮作倒茬模式。四是优化畜种结构。启动了杜蒙肉羊新品种培育工程，培育具有自主知识产权的肉羊新品种，提高良种覆盖率。在全市范围内开展肉羊杂交改良工作。五是开展西门塔尔与当地肉牛及淘汰奶牛冷配，和牛、安格斯肉牛冷配工作，提高品种质量，增加养殖收益。

4.3.3　农户问卷分析

1. 数据来源

本部分研究数据来自于课题组 2016 年 9 月在乌兰察布市的 3 个县（市）、6 个乡（镇）、12 个行政村的农户问卷调查。采用随机抽样的方法、采取问卷调查和与基层干部访谈相结合的调研方式，共发放农户问卷 207 份，其中，有效问卷 197 份，问卷有效率 95.12%（见表 4 - 7）。

表 4 - 7　　　　　　　　样本农户分布情况及有效样本比例

市	县（市）	乡（镇）	村	样本农户数（户）	有效样本数（户）	有效样本比例（%）
乌兰察布市	丰镇市	官屯堡乡	孟家营村、邓家营村	28	26	93.65
		三义泉镇	天德永村、三义泉村、海流素村	35	33	
	兴和县	店子镇	西湾村	51	50	98.04
	凉城县	麦胡图镇	刘家村、胜利村	34	33	95.92
		永兴镇	永兴村、驼厂村	26	24	
		六苏木镇	南房子村、堡子湾村	33	31	
合计				207	197	95.12

资料来源：实地调研。

2. 样本基本特征

60 岁以上的户主占比为 56.35%，户主平均年龄为 59 岁，县（市）

之间差别不大；户主文化程度为初中及初中以上的平均占比为 55.33%，县（市）之间最大相差近 61 个百分点；农户家庭平均人口为 3 人，其中，从事农业的劳动力平均为 2 人，内蒙古农户在翻地、耕地、播种、收获等环节基本实现了机械化，农忙时一般都会雇佣农机作业；户均耕地面积为 32.73 亩，县（市）之间差距非常大，其中，旱地所占比例平均为 44.51%，农户有耕地转入行为的比例平均为 42.86%，转入的耕地主要来源是向本村或邻村村民租赁，也有小部分是无偿耕种亲戚朋友外出打工闲置的耕地（见表 4-8）。

表 4-8　　　　　　　　　　样本农户的基本统计特征

市	县（市）	户主平均年龄（岁）	户主文化程度（%）	家庭中从事农业的劳动力（人）	户均耕地面积（亩）
乌兰察布市	丰镇市	58	81.36	2.14	72.47
	兴和县	58	20.00	1.78	9.03
	凉城县	61	57.95	1.92	19.55
平均		59	55.33	1.95	32.73

注：户主文化程度指初中及初中以上文化程度的户主所占比例；家庭从事农业的劳动力指实际从事农业活动的家庭成员，部分成员年龄超过 60 周岁；户均耕地面积指实际耕种的土地面积，包括自有耕地、开荒和转入的耕地。

资料来源：实地调研。

3. 农户种植结构分析

农户种植的粮食作物主要是玉米（包括制种玉米、甜玉米、青贮玉米）、马铃薯、谷子、黍子、杂豆，马铃薯是第一大粮食作物，78.17% 的农户都种植；经济作物主要是胡麻、甜菜、油菜、蔬菜等，其中胡麻和甜菜较多；畜产品主要是羊、猪、牛、鸡等，但是数量较少，且基本都自用。

2014 年，玉米临时收储价格最高，吉林是每斤 1.13 元，样本农户玉米播种面积平均为 10.74 亩。2015 年，玉米临时收储价格首次下调，每斤 1 元，样本农户玉米播种面积平均为 9.75 亩，占耕地总面积的 29.79%。其中，丰镇市、兴和县、凉城县玉米播种面积分别占耕地总面积的 27.31%、30.23%、38.87%。2016 年，玉米临时收储调整为玉米生产者补贴，样本农户玉米播种面积减少到平均 9.48 亩。其中，兴和县、凉城县玉米播种面积都在减少，丰镇市玉米播种面积略增；进一步分析发现，青贮玉米和甜玉米播种面积增加、籽粒玉米播种面积减少，统计时没有区分（见表4-9）。据课题组了解，2016年5月30日，内蒙古农牧业厅发布了《内蒙古自治区推进马铃薯产业发展的指导意见》，提出推进马铃薯产业发展是种植业转方式、调结构的重要措施。乌兰察布市马铃薯种植面积常年稳定在400万亩，年常量总产450万吨，种植面积和产量均居全国地级市首位，占内蒙古自治区的近1/2，占全国的6%。全市70%以上耕地种植马铃薯，人均来自马铃薯产业的收入占到种植业收入的53%。全区首条马铃薯主粮化产品生产线于2015年在乌兰察布投产，马铃薯产业已成为本地农牧民增收致富的支柱产业，被中国食品工业协会命名为"中国马铃薯之都"。2016年"乌兰察布马铃薯"地理标志产品再次入选品牌价值评价信息榜，成为内蒙古自治区唯一入选产品，以品牌强度720、区域品牌价值114.91亿元，在全国初级农产品类地理标志产品中排名第14位。2016年乌兰察布市农牧业局组织开展了全市农民种植意向调查。调查涉及全市11个旗县区的42个乡镇、132个村、501个村民小组，抽样农户17034户，占全市乡村农户总数的3.15%；调查户实际种植面积50.6万亩，占全市耕地面积的4.77%。据调查，2016年全市农民种植意向总体上呈现出"四增六减一持平"的趋势，即莜麦、蔬菜、青贮玉米和甜菜的面积增加，而粮饲兼用玉米、小麦、大豆、杂粮杂豆（除莜麦外）、油料和其他作物播种面积减少，马铃薯播种面积基本持平。

表4-9　　　　　　　　样本农户的玉米种植变化情况　　　　　　　　单位：亩

市	县（市）	2014年	2015年	2016年
	丰镇市	24.81	19.79	20.06
乌兰察布市	兴和县	2.63	2.73	2.55
	凉城县	7.46	7.60	6.34
平均		10.74	9.75	9.48

资料来源：实地调研。

4. 杂粮种植成本分析

据课题组在乌兰察布丰镇市三义泉镇三义泉村对典型普通种植农户测

算，2016 年种植玉米 20 亩，单产 800 斤，出售价格每斤 0.70 元（15% 水分），生产投入每亩 550 元，加上玉米生产者补贴每亩 171.41 元，① 亩均净利润（不含投工）181.84 元。低于 2015 年甜玉米（亩收益 850 元）、马铃薯（亩收益 500 元）、黍子（亩收益 400 元）和谷子（亩收益 300 元）（见表 4 – 10）。

表 4 – 10　　　　2015 年典型样本农户杂粮种植成本收益情况

农作物	单产（斤/亩）	单价（元/斤）	亩成本（元/亩）	亩收益（元/亩）
甜玉米	3000	0.45	500	850
马铃薯	2000	0.40	300	500
黍子	400	1.50	200	400
谷子	250	2.00	200	300

资料来源：实地调研。

5. 影响杂粮种植的主要因素

（1）政府政策宣传不够。从农户问卷调查的情况看，84.55% 的被调查农户不知道 2016 年玉米临时收储政策改革为生产者补贴制度。农户获取这些信息的主要来源依次是政府的电视电台广播、政府工作人员的讲解、网络、政府的宣传材料、听邻居/亲戚/朋友说。（2）市场价格下跌是造成农户种植玉米收益下降的主要原因，绝大多数农户开始减少或有减少玉米种植面积的想法，68.54% 的样本农户认为当地的土质和种植技术都适合种植马铃薯、黍子、谷子等耐旱型作物，但是相比较而言还是玉米的效益好。② （3）乌兰察布市户主平均年龄为 59 岁，60 岁以上的户主占比为56.35%，他们已经习惯于种植玉米，接受新技术、新品种存在一定困难。（4）缺少支持措施也制约着杂粮生产的发展。乌兰察布市凉城县永兴乡为提高农民种植谷子的积极性，2014 年实施了向贫困户免费提供薄膜的扶持政策，③ 永新村当年谷子种植面积达到 1300 亩，亩产达到 250 千克；2015

---

① 内蒙古平均补贴标准。
② 问卷调查时，农户的玉米还没有售卖，认为玉米的效益高于其他农作物是指 2015 年及以前。
③ 一亩谷子的种植成本约 250 元（不含薄膜），一亩地平均需要一卷薄膜，一卷薄膜约 150 元，薄膜投入约占谷子种植成本的 37.5%。

年取消了这项政策，谷子种植面积减少到 1000 亩，亩产也只有 150 千克；2016 年继续减少到 650 亩。

4.4 本章小结

第一，内蒙古是我国重要的杂粮生产省份。其他谷物及食用豆类杂粮的种植面积以及产量都在全国名列榜首。其中，马铃薯种植面积、荞麦产量、绿豆产量均居全国首位，燕麦、谷子产量居全国第二，是当之无愧的杂粮大区。

第二，根据《农业部关于"镰刀弯"地区玉米结构调整的指导意见》，2016 年 4 月 22 日，内蒙古自治区农牧业厅制定了《内蒙古玉米结构调整实施意见》，力争到 2020 年，全区玉米优势区域集中度达到 90% 以上，调减籽粒玉米种植面积 1000 万亩，其中压减籽粒玉米 500 万亩。重点任务是调减产量低、水分高、品质差和种植生态环境代价大的籽粒玉米种植面积。其中，中西部严重干旱区及种植比较效益低的地区，大力发展具有地区特色的主粮和向日葵、绿豆、荞麦、莜麦、谷子等绿色特色产业，走特色路、打绿色牌，以质取胜、以质增效。2016 年计划压减玉米 200 万亩以上；2017 年计划在非优势区玉米面积再调减 200 万亩。

第三，乌兰察布市地处中温地带，属大陆性季风气候，四季特征明显，全年日照时间长，昼夜温差大，为优质农作物提供了得天独厚的生长环境。境内所产的荞麦、燕麦、大麦、谷子、红小豆、绿豆、芸豆、扁豆、豌豆等一直都是国内外的俏销产品。从问卷调查的情况看，68.54% 的样本农户认为当地的土质和种植技术都适合种植马铃薯、黍子、谷子等耐旱型作物，但是户主年龄偏大和缺少支持措施制约着杂粮生产的发展。

第 5 章

辽宁省种植结构调整进展情况调查

辽宁省辖 14 个地级市，其中副省级城市 2 个（沈阳、大连），是中国重要的重工业基地、教育强省、农业强省，中国最早实行对外开放政策的沿海省份之一。面积 14.8 万平方公里，占全国总面积的 1.54%；2016 年末全省常住人口为 4377.8 万人，其中，乡村常住人口 1428.5 万人，占全省总人口的 32.63%；2016 年地区生产总值达到 22037.88 亿元，占全国生产总值的 2.96%。

辽宁省种植业基本上是一年一熟，省内又依气候与地理条件的差异形成不同生产特点。东部多山，山区特产较多，盛产人参、鹿茸、中药材，柞蚕业发达；西部为半干旱丘陵区，农牧结合，同时发展果业和水产业；南部以水稻、水产、水果为主，带动乡镇企业的迅速发展；中部、北部属辽河平原地带，是全省的主要粮食产区，以水稻、玉米、大豆、高粱、小麦为主。"十二五"期间，粮食产量年均超过 2000 万吨，保持了全国粮食主产省地位；蔬菜产量 4000 万吨以上；水果产量 882 万吨；全省肉蛋奶产量分别达到 423.2 万吨、276.5 万吨和 140.3 万吨；饲料总产量 1239.4 万吨，总产值 437.6 亿元，产量和产值均列全国第三位。2016 年，粮食作物播种面积 4847.1 万亩，其中，水稻播种面积 843.75 万亩，玉米播种面积 3388.35 万亩；粮食总产量 2100.6 万吨，其中，水稻产量 484.6 万吨，玉米产量 1465.6 万吨。[①]

---

① 2016 年辽宁省国民经济和社会发展统计公报。

5.1 辽宁省杂粮生产概况

《辽宁省现代农业发展"十三五"规划》提出,锦州、阜新、葫芦岛西部、朝阳等地属于半干旱地区,具有农牧皆宜的自然环境。主要发展玉米、花生、杂粮、畜产品、设施农业等产业;粮食产业分为辽浑太河流域粮食主产区、辽西丘陵粮食产区、辽东山地粮食产区和辽南滨海粮食产区。突出抓好高标准农田建设,积极发展以优质水稻、玉米及杂粮和马铃薯为主的粮食产业。

5.1.1 近年来生产情况

2011~2014年,辽宁省粮食作物播种面积由4754.7万亩增加到4852.7万亩,增幅2.06%,其中,玉米的播种面积由3201.90万亩增加到3495.11万亩,增幅9.16%,平均占粮食作物播种面积的69.4%。高粱、谷子、薯类和其他杂粮播种面积年际间波动较大,平均分别占粮食播种面积的1.66%、1.78%、2.57%、1.13%(见表5-1)。

表5-1 　　　　　2011~2014年辽宁省杂粮播种面积 　　　　　单位:万亩

品种		2011年	2012年	2013年	2014年
玉米		3201.90	3310.05	3368.40	3495.11
杂粮	高粱	88.35	76.65	70.65	83.40
	谷子	95.25	78.00	77.85	92.90
	薯类	124.65	123.00	118.35	128.60
	其他杂粮	64.50	61.65	49.80	41.25

资料来源:辽宁统计调查年鉴2015。

辽宁省谷子生产主要集中在建平县,占全省总播种面积的25%;高粱生产主要集中在建平县、阜新县、凌海市、朝阳县、黑山县,合计占全省总播种面积的44.15%,其中,建平县占比为20.94%;绿豆生产主要集中在阜新县、建平县;红小豆生产主要集中在阜新县;薯类生产主要集中在

昌图县、瓦房店市、绥中县、庄河市、新民市，合计占全省总播种面积的
39.88%（见表 5 -2）。

表 5 - 2   2013~2014 年辽宁省各市（县）杂粮播种面积、总产量

市(县)	谷子		市(县)	高粱		市(县)	绿豆		市(县)	红小豆		市(县)	薯类	
	播种面积（万亩）	总产量（万吨）		播种面积（万亩）	总产量（万吨）		播种面积（万亩）	总产量（万吨）		播种面积（万亩）	总产量（万吨）		播种面积（万亩）	总产量（万吨）
建平县	21.34	3.85	建平县	16.13	6.11	阜新县	2.88	0.26	阜新县	1.22	0.10	昌图县	10.95	8.06
阜新县	3.77	1.05	阜新县	6.70	2.93	建平县	2.71	0.20	彰武县	0.29	0.05	瓦房店市	14.35	4.04
喀左县	2.18	0.28	凌海市	5.49	1.74	彰武县	0.39	0.03	康平县	0.32	0.04	绥中县	9.78	3.97
建昌县	1.50	0.08	朝阳县	3.14	1.37	康平县	0.23	0.03	建昌县	0.30	0.02	庄河市	8.61	2.60
义县	0.96	0.10	黑山县	2.55	1.25	瓦房店市	0.22	0.03	普兰店市	0.23	0.02	新民市	7.59	4.01

注：马铃薯是折粮产量。
资料来源：辽宁统计调查年鉴（2014~2015 年）。

2010~2014 年，辽宁省杂粮生产者出售谷子价格水平呈上升趋势，出
售高粱价格水平年际间波动，出售豆类价格水平呈下降趋势，出售薯类价
格水平基本稳定（见表 5 -3）。

表 5 - 3   2010~2014 年辽宁省部分杂粮生产价格指数

品种	2010 年	2011 年	2012 年	2013 年	2014 年
谷子	97.1	106.2	105.4	137.9	185.0
高粱	109.2	92.7	106.2	109.6	97.3
豆类	112.3	108.7	110.8	111.1	102.3
薯类	146.1	114.9	111.6	111.2	114.9

资料来源：辽宁统计调查年鉴 2015。

5.1.2 发展基础

辽西多属丘陵山区，是典型的半干旱地区，土地资源丰富、气温高降
雨少、日照充足等，为杂粮生长提供了良好条件。杂粮不仅种类繁多、种
植广泛，而且品质优良，在全国享有很高的声誉。目前，辽西地区的小杂
粮耕种面积达数万亩，将近占主要耕地面积的一半。谷子的种植面积最
大，占杂粮的 80% 以上；其次为绿豆、小豆等食用豆类；再次是黍子、葵

花、大豆、芝麻、绿豆等，芝麻、向日葵种植面积较少；向日葵主要以油葵为主。

建平县小杂粮种植面积已超过了 100 万亩，杂粮生产加工业户已达 500 多家。为将杂粮资源优势转化为市场优势、竞争优势，建平县启动了生态绿色杂粮产业工程，实施耕地保护、绿化造林、秸秆还田、有机肥生产等生态工程，为环保生产、有机认证奠定了坚实的基础。目前，有机作物品种已达 15 个，有机农场 8 个，总认证面积 22 万亩，其中 3 万亩有机地块通过了欧盟 BCS 和美国 NOP 有机认证。建平县先后被确定为辽宁省"有机杂粮生产基地"和"现代农业示范基地"，被国家农业部批准为"全国农产品加工创业基地"，被国家质检总局批准为"标准化种植示范基地"。2016 年阜新杂粮主要品种种植面积达到 37.5 万亩，其中，谷子 16.5 万亩，高粱 10.3 万亩，绿豆和红小豆 9 万亩，荞麦 1.7 万亩。根据阜新现代农业示范带建设三年滚动发展规划，到 2019 年，全市杂粮杂豆种植面积计划达到 60 万亩，重点发展有机杂粮，其中有机谷子生产基地面积要达到 10 万亩。

2016 年 3 月 31 日，由中国民族贸易促进会、大唐电信集团与辽宁省供销社、铁岭市政府合作投资开发的"互联网＋中国（铁岭）杂粮交易中心"项目正式进入对接推进阶段。杂粮交易中心项目计划投资 50 亿元，初步规划占地面积 1000 亩，建筑面积 50 万平方米，包括电子商务交易（会展、体验、观光）中心、保税物流园区、安全检测检验追溯中心、中国杂粮产业化技术创新基地和国家跨境电子商务与现代服务业示范基地等。该项目将充分利用铁岭区位交通、资产资源、集成要素等条件，充分发挥各方优势，建设中国规模最大、专业化程度最高、智能化领先的全国性杂粮交易市场，以建成最具影响力的国际杂粮产业化合作工程技术研发中心、杂粮产业化基地、国家级农产品"双创基地"和第三代农业物流中心为目标，推动杂粮农产品生产、加工贸易和装备制造等产业快速发展。

5.1.3　杂粮品牌建设

建平县杂粮产品得到了行业权威的认可，先后举办、承办了"中国杂粮展洽会""辽宁省有机食品研讨会""中国杂粮产业发展论坛"。为适应市场需求，建平县于 2006 年成立了县杂粮工业园区，现建成并投入企业 12 家，园区管委会与辽宁省农科院合作进行技术研发，带动入驻企业提升产品的科技含量和产品附加值，相继推出以"红山绿珠""瑞绿""朱碌科"等品牌优质杂粮为代表的多种产品，目前已注册商标 40 个，创省级名牌产品 2 个、市级名牌 4 个，大黄米、小米、芝麻、葵花仁等 20 多个品种出口至俄罗斯、欧盟等国家和地区。园区被省政府确定为辽宁省"有机杂粮生产基地"和"现代农业示范基地"，被国家农业部批准为"全国农产品加工基地"，并成为辽宁省中小微型企业创业（孵化）基地。园区内企业辽宁兴诺米业、建平县源丰公司及永兴源粮贸公司被评为省、市级农业产业化重点龙头企业。

阜新依托杂粮基地发展农产品加工业，努力把"小杂粮"做成大产业，打造阜新杂粮品牌，近年来培育了"化石戈谷业""孙六杂粮"等一批加工龙头企业和品牌产品，阜新杂粮具有一定的市场知名度。

5.1.4 杂粮地理标志产品

1. 博洛铺小米

大石桥市博洛铺镇华山（花儿山）的谷子加工而成，其米粒大、色黄、味浓香。据中国科学院检测分析，小米蛋白质含量为 12.3%，脂肪含量为 5.26%，粗淀粉含量为 74.95%，赖氨酸含量 0.26%，并含有丰富的维生素及多种微量元素，其营养丰富，品质优良，是目前市场上最新兴的无公害食品。2013 年 7 月 31 日，国家质检总局对博洛铺小米给予地理标志产品保护，保护范围为大石桥市博洛铺镇、永安镇、汤池镇共 3 个镇现辖行政区域。

2. 康平地瓜

沈阳市康平县土壤类型为风沙土，土壤质地为中壤土，pH 值范围为 6.82~7.9，有机质含量≥1.2%，很适合地瓜的生长。康平地瓜色泽鲜艳，纺锤形，皮光滑。口感甜、绵、沙，糯性强。粗多糖含量≥3.3%，蛋白质含量0≥2.5%，尼克酸含量≥0.5mg/100g，钾含量≥16mg/100g。2013年7月31日，国家质检总局对康平地瓜给予地理标志产品保护，保护范围为康平县现辖行政区域。

3. 要路沟小米

葫芦岛市建昌县要路沟乡张台子素有"建昌小粮仓"之美誉，以盛产小米而闻名。由于地势高、日照时间长，使小米成熟度好、颗粒饱满、营养丰富。早在慈禧年间，就因其色黄、浆大，富含人体所需要的维生素、多种矿物质和蛋白质及诸多保健作用，而被皇家封为贡米。之所以这样，是因为这个地区的地势高、日照时间长，小米的成熟度好、营养丰富，再加上采用原始的耕作方式和加工方法，全部施用农家肥，有的农户把芝麻打磨后做底肥，使之成为纯绿色、无公害产品。产品经省农业厅检查验收被定为"无公害农产品"，颁发了证书。2006年，国家农业部农产品质量安全中心给要路沟杂粮生产合作社颁发了"无公害优质产品证书"。2013年12月24日，国家质检总局对要路沟小米给予地理标志产品保护，保护范围为建昌县要路沟乡、老大杖子乡、头道营子乡、魏家岭乡共4个乡镇现辖行政区域。

4. 朝阳绿豆

朝阳绿豆产自朝阳市朝阳县，朝阳县的农业资源非常丰富，连续几年获得"产粮大县"荣誉称号。朝阳县气候干旱少雨、日照充足，非常适于绿豆的种植，据史料记载，已有2000多年悠久的栽培历史，是我国绿豆的主产区之一。朝阳绿豆以其种粒饱满、品质优越而闻名，其养分、口感、色泽均属上乘，素有"绿色珍珠"的美称。2015年6月19日，国家质检总局对朝阳绿豆给予地理标志产品保护，保护范围为朝阳县现辖行政区域。

5. 朝阳小米

朝阳小米产自辽宁省朝阳市朝阳县。朝阳小米具有颗粒均匀、香甜可口、营养丰富、食用方便、用途较广等特点。"朝阳小米"以独特的土壤、光照、水质条件为基础，利用天然水、农家肥作补充，采用传统的农业耕作方式，精加工制作而成。2015 年 6 月 19 日，国家质检总局对朝阳小米给予地理标志产品保护，保护范围为朝阳县现辖行政区域。

6. 建平红小豆

朝阳市建平县坐落在蒙古高原向松辽平原的过渡带上，境内丘陵起伏，地形北高南低，努鲁儿虎山脉自东向西南贯穿县境，属暖湿带半湿润半干旱大陆性季风气候。人均耕地面积居全省前列，资源丰富，生态环境优越，早在旧石器时代晚期，先民们就开始在这里繁衍生息。著名的红山文化"牛河遗址"位于建平、凌源交界处，这里是"辽宁红小豆之乡"，种植红小豆至今已有上千年的历史。建平红小豆籽粒丰满光润、色泽鲜艳、口感香甜、含豆沙量高，在当地有"红宝石"之美誉。2016 年 7 月 4 日，国家质检总局对建平红小豆给予地理标志产品保护，保护范围为建平县现辖行政区域。

7. 建平小米

建平县及周边地区处燕山山系努鲁尔虎山脉中段南侧，地势较平坦，土层深厚，依托这里的独特气候、土壤和水质等自然条件，该县自古盛产小米等杂粮，享有"杂粮之乡"美誉。建平县小米也因此受到全国很多商家的青睐，俗称"建平小米"。建平县小米营养高，蛋白质含量为 11.42%、粗脂肪含量为 4.28%、碳水化合物含量为 72.85%、维生素 A 含量为 0.19MG/100G、维生素 B 含量为 10.63MG/100G、硒含量为 71PPB。2016 年 6 月 19 日，国家质检总局对建平小米给予地理标志产品保护，保护范围为建平县现辖行政区域。

8. 建平荞麦

荞麦是建平县重要的粮食种植作物品种。宋元时期种植荞麦尤为普遍，尤其是辽西建平地区少雨干旱，春季耕种时节多旱，大田不能及时播种，坡地多种植荞麦。这里种植荞麦有得天独厚的自然地理条件，昼夜温差大、光照充足，比较适宜荞麦的生长。建平荞麦籽实饱满、光亮均匀，尤其是该作物栽培简单，它的全生育期短，可以在主作物收获后补种荞麦，既增加复种指数，又便于与其他作物轮作换茬。荞麦在建平地区种植面积大，产量高，而且建平荞麦有"粒饱、面多、粉白"等优质特点。2016 年 12 月 18 日，国家质检总局对建平荞麦给予地理标志产品保护，保护范围为建平县现辖行政区域。

5.2　辽宁省种植业结构调整进展

2016 年，辽宁省在全国率先出台了《推进农业供给侧结构性改革的实施意见》《农业产业发展指导意见》《种植业结构调整意见》。通过调减非优势区玉米种植面积，扩大了杂粮、花生、蔬菜、食用菌等种植面积，仅此一项就促进农民增收 12 亿元。新建省级设施农业小区 66 个，实施农业部蔬菜标准化创建项目 12 个，建设北方蔬菜种植基地试点 169.2 公顷，完成农业部水果标准化创建项目 13 个，组织实施了 3.33 万公顷耕地轮作试点项目。国家级和省级现代农业示范区建设稳步推进，盘山县、绥中县、大连市在农业部认定的 283 个示范区考核评价中位于全国前列。

5.2.1　具体做法

玉米种植重点是增加青贮玉米、优质加工玉米和鲜食玉米面积。在辽西北干旱地区，积极推进设施农业建设；在辽西北山地丘陵地区，扩大优质杂粮和花生种植面积；在东部冷凉山区，以发展中药材、食用菌、小浆果为主；在中西部规模化养殖区，引导农民扩大青贮玉米、优质牧草种植面积；在辽河流域地区，增加水稻和大豆种植面积。调整作物种植结构的目的主要是为了"做优"粮油产业，"做强"蔬菜、水果优势产业，"做精"农业特色产业。逐步恢复辽宁优势作物，如水稻、花生、特色杂粮等的种植面积。配套措施是培育壮大一批农产品加工龙头企业，推进农业规模化种植、标准化生产、商品化处理、品牌化销售和产业化经营，扩大绿色食品、有机食品生产规模，发展农产品精深加工，延长产业链，提升价值链。

5.2.2　进展情况

2016 年初辽宁省计划调减非适宜区玉米种植面积 200 万亩，全省实际完成玉米调减面积 209.6 万亩，其中，辽西北农牧交错区调减 148.8 万亩，占全省的 70.9%。调减下来的面积主要用来发展设施农业、种植高效经济作物和特色作物，如新增粮油作物面积 113.4 万亩，其中优质水稻 5.9 万亩、豆类 16.7 万亩、油料 9.1 万亩、薯类 9.3 万亩、特色杂粮 72.4 万亩。

5.3　基于农户问卷调查的分析

5.3.1　朝阳县农业生产概况

朝阳县地处辽宁西部，位于辽宁、内蒙古两省（区）八县（市）交界处，属典型低山丘陵地区，县域土地总面积 3759 平方公里，耕地 140 万亩，地理构成是"七山一水二分田"。全县下辖 28 个乡镇（场）。全县有 299 个行政村（分场）、2550 个村民组。户籍总人口数为 56.36 万人，其中，农业人口数为 53.11 万人，占总人口数的 94.2%，是典型的农业大县。朝阳县地处温带半干旱半湿润冀北山地过渡地带，属温带大陆性季风气候。北部受蒙古高原高压影响较大，东南部距渤海虽不足百公里，但南来暖湿气流受燕山山脉阻隔，难以流入境内，属于"十年九旱"地区。

2016 年，全县实现地区生产总值 878184 万元，同比下降 12.8%。其中，第一产业增加值 30.11 亿元，同比下降 18.4%，三次产业增加值比重为 34.3:20.0:45.7。实现农业总产值 69.59 亿元（现价），同比下降 20%。其中，种植业产值 29.09 亿元，同比下降 26.6%；林业产值 3.88 亿元，同比下降 35.5%；畜牧业产值 34.25 亿元，同比下降 10.9%。农作物总播种面积 125.07 万亩，同比下降 2.8%，其中，粮食作物播种面积 104.96 万亩，与同期持平；粮食产量 43.5 万吨，比上年增长 52.6%。[①]

5.3.2　朝阳市种植结构调整进展

朝阳县是个农业大县，全县有耕地面积 139.5 万亩。多年以来，玉米一直是这个县种植业的"主角"。尽管一些乡镇有较好的生产条件和水源条件，但由于产业结构比较单一，所以农业生产始终没有突破增产不增收的发展瓶颈。

1. 进展情况

2016 年，朝阳县按照《辽宁省朝阳县农业结构调整工程实施方案（2016—2020 年）》的规划，以"稳粮、扩经、优畜"为具体目标，推进种植业结构优化调整。全县玉米种植面积由 2015 年的 110 万亩压缩至 100 万亩；增加杂粮种植面积 4 万亩，全县杂粮面积达到 17 万亩；确保 50 万吨粮食产能，确保"全国粮食生产大县"称号；增加露地蔬果 2.5 万亩，达到 7.5 万亩；增加设施农业 0.5 万亩，达到 7.5 万亩；落实酒高粱种植基地 3 万亩。

2. 具体措施

朝阳县杂粮种植历史悠久，常年种植面积在 5 万亩左右，"朝阳小米""朝阳红小豆"是国家地理标志产品。2016 年，在胜利镇、清风岭镇和贾家店农场，对坡度大、灌溉条件差和土壤贫瘠的耕地实施"玉米进，杂粮退"战略，依托朝阳农品农业科技发展有限公司、朝阳宏图米业有限公司等企业，新建杂粮标准化示范基地 4 万亩，年生产杂粮 3.6 万吨，同时加大品牌建设力度，注册了"大嗑图""朝阳农品"等商标，并通过了国家绿色食品认证，大大提升了国家地理标志产品"朝阳小米""朝阳红小豆"品牌效应和生产能力。2017 年 4 月 14 日，县供销社集团总公司经过一年多的筹备和试运营，具有朝阳特色、供销社特点的农产品电子商务平台

[①]　2016 年朝阳县国民经济和社会发展统计公报。

"朝阳农品网"正式上线，现场6家农事企业与供销集团签约入驻平台，目前已入驻"朝阳农品"等品牌的各类农副产品200多款，是朝阳县首个"政府支持、供销社主导、企业参与、市场动作"的农产品销售服务综合平台；通过"政府引导、金融支持、农民参与"，在波罗赤、北四家子和羊山等乡镇的土壤条件好、光照充足、灌溉条件差的区域，新建设施农业0.5万亩；露地蔬菜主要集中在大、小凌河平原乡镇，其中，大凌河流域台子、木头和柳城等乡镇以种植豆角为主，小凌河流域松岭门乡、东大屯乡等乡镇以种植腌制小菜为主。依托台子绿色豆角协会，在大凌河流域增加露地豆角种植面积1.5万亩；依托省级产业化龙头企业朝阳天惠食品有限公司，在小凌河流域增加腌制小菜种植面积1万亩；依托省级产业化龙头企业辽宁格兰生态农业开发有限公司，实现了与台湾地区金门酒厂契约合作，在波罗赤、东大道、杨树湾等乡镇落实酒高粱种植基地3万亩。

2016年，朝阳县玉米丰收，加上玉米生产者补贴亩均147.46元，仍低于种植结构调整后的农作物，部分地产地块农户种植玉米基本保本，增产不增收。酒高粱收益高的主要原因是农户采取了覆膜播种，而且大部分是平地，有利于灌溉，非常有利于提高产量。此外，酒高粱属于订单农业，收购价格相对稳定①，收益可以保证（见表5-4）。

表5-4　　　　　　　　2016年朝阳县种植结构调整后效益分析

品种		单产（斤/亩）	单价（元/斤）	生产成本（元/亩）	亩收益（元/亩）
玉米		1200	0.65	450	330
杂粮	普通农户	450	2.10	405	540
	新型经营主体	640	2.00	805	475
设施蔬果		40000	1.50	40000	20000
露地蔬菜	豆角	4000	1.50	3800	2200
	芥菜	5000	0.80	1500	2500
酒高粱		1200	1.27	380	1400

注：豆角种植一般采用上茬小麦、下茬豆角的复种模式，小麦亩收益400元，全年亩效益2600元。

资料来源：朝阳县农业局。

———————————

① 2016年订单价格在每斤1.15~1.27元。

5.3.3 农户问卷分析

1. 数据来源

本部分研究数据来自于课题组 2017 年 5 ~ 6 月在朝阳县的 3 个乡（镇）、12 个行政村的农户的问卷调查。采用随机抽样的方法、采取问卷调查和与基层干部访谈相结合的调研方式，共发放农户问卷 205 份，其中，有效问卷 192 份，问卷有效率 93.66%（见表 5 - 5）。

表 5 - 5　　　　　　　　　　样本农户分布情况及有效样本比例

县（市）	乡（镇）	村	样本农户数（户）	有效样本数（户）	有效样本比例（%）
朝阳县	波罗赤镇	波罗赤村	77	75	97.40
	杨树湾镇	河西村、河东村、报马营子村、梁东村、徐家村、平房村	65	58	89.23
	北沟门子乡	黄台子村、沟门村、周台子村、东山村、华林子村	63	59	93.65
合计			205	192	93.66

资料来源：实地调研。

2. 样本基本特征

样本村：3 个乡（镇）共辖 19 个行政村，平均户数 3474 户。平均耕地面积 36667 亩，其中，旱地占比 80.91%。种植业是农户收入的主要来源，平均占比 45%，外出务工收入平均占比 40%。2015 年、2016 年、2017 年，耕地平均流转比例分别为 10%、15%、15%。3 个乡（镇）都没有粮食深加工企业，其中，杨树湾镇正在商洽一个占地 10 亩的粮食深加工企业，预计 2017 年底开工，能辐射全镇（见表 5 - 6）。

表 5 – 6　　　　　　　　　　　　样本镇的基本特征

县（市）	乡（镇）	人口（人）	户数（户）	行政区域面积（平方公里）	耕地面积（亩）	收入来源		
						种植业（%）	畜牧业（%）	外出务工（%）
朝阳县	波罗赤镇	19800	5022	120	55000	35	0	65
	杨树湾镇	8700	2600	103	32000	30	25	45
	北沟门子乡	8912	2800	100	23000	70	20	10
平均		12471	3474	108	36667	45	15	40

资料来源：实地调研。

样本农户：60 岁以上的户主占比为 52.62%，户主平均年龄为 55 岁，乡（镇）之间差别不大；户主文化程度为初中及初中以上的平均占比为 64.89%，乡（镇）之间最大相差近 49 个百分点；农户家庭从事农业的劳动力平均为 2 人，辽宁省农户在翻地、耕地、播种、收获等环节基本实现了机械化，农忙时一般都会雇佣农机作业；户均耕地面积为 16.79 亩，乡（镇）之间差距非常大，其中，旱地所占比例平均为 68.11%，农户有耕地转入行为的比例平均为 21.8%，转入的耕地主要来源是向本村或邻村村民租赁，也有小部分是无偿耕种亲戚朋友外出打工闲置的耕地（见表 5 – 7）。

表 5 – 7　　　　　　　　　　　样本农户的基本统计特征

县（市）	乡（镇）	户主平均年龄（岁）	户主文化程度（%）	家庭中从事农业的劳动力（人）	户均耕地面积（亩）
朝阳县	波罗赤镇	58	37.50	1.54	32.63
	杨树湾镇	53	86.21	1.97	11.49
	北沟门子乡	51	77.59	2.56	8.42
平均		55	64.89	1.89	16.79

注：户主文化程度指初中及初中以上文化程度的户主所占比例；家庭从事农业的劳动力指实际从事农业活动的家庭成员，部分成员年龄超过 60 周岁；户均耕地面积指实际耕种的土地面积，包括自有耕地和转入的耕地。

资料来源：实地调研。

3. 农户种植结构分析

农户种植的主要粮食作物是玉米、谷子、酒高粱、豆类，玉米是第一大农作物，77.6% 的农户都种植；经济作物主要是设施农业，数量较少；畜牧业主要是猪、牛、羊、禽等。

表 5 - 8　　　　　　　　　样本镇种植结构变化情况　　　　　　　　　单位：亩

县（市）	乡（镇）	农作物	2015 年	2016 年	2017 年
朝阳县	波罗赤镇	玉米	40000	40000	40000
		谷子	8000	8000	8000
		酒高粱	3000	3000	3000
		豆类	2000	2000	2000
	北沟门子乡	玉米	20700	20700	18400
		谷子	2000	2500	4000
		酒高粱	0	0	1000
	杨树湾镇	玉米	27000	27000	24300
		酒高粱	3000	3000	5500
		谷子	1000	1000	1200

资料来源：实地调研。

2015 ~ 2017 年，样本村玉米种植面积总体减少，谷子、酒高粱等作物种植面积增加（见表 5 - 8）。调研中了解到，谷子、酒高粱种植面积增加主要是因为订单农业指标增加，农户自发减少玉米播种面积，增加谷子、酒高粱种植面积的情况较少。

4. 杂粮种植成本分析

据课题组在朝阳县北沟门子乡沟门村对典型普通种植农户测算，2016 年种植玉米 52 亩，单产 1200 斤，出售价格每斤 0.62 元（24% 水分），生产投入每亩 450 元，加上玉米生产者补贴每亩 147.46 元，亩均净利润（不含投工）441.46 元。据课题组在朝阳县波罗赤镇南洼村对规模种植农户测算，2016 年种植玉米 230 亩，单产 1400 斤，出售价格每斤 0.64 元（24% 水分），生产投入每亩 840 元，加上玉米生产者补贴每亩 147.46 元，亩均净利润 203.46 元，低于谷子（亩收益 509 元）、酒高粱（亩收益 560 元）（见表 5 - 9）。

表 5 - 9　　　　　　2016 年典型样本农户杂粮种植成本收益情况

农作物	单产（斤/亩）	单价（元/斤）	亩成本（元/亩）	亩收益（元/亩）
谷子	440	2.1	415	509
酒高粱	1000	0.98	420	560

资料来源：实地调研。

5. 影响杂粮种植的主要因素

（1）政府政策宣传不够。从农户问卷调查的情况看，70.62%被调查农户不知道2016年玉米临时收储政策改革为生产者补贴制度。农户获取这些信息的主要来源依次是政府的电视电台广播、政府工作人员的讲解、网络、政府的宣传材料、听邻居/亲戚/朋友说。（2）市场价格下跌是造成农户种植玉米收益下降的主要原因，绝大多数农户开始减少或有减少玉米种植面积的想法，65.99%的样本农户认为当地的土质和种植技术都适合种植黍子、谷子、酒高粱等耐旱型作物，2016年的亩收益也普遍高于玉米，但比较而言，玉米机械化程度高、省工。据课题组了解，辽宁省区位优势突出，农户打工机会多，在部分乡镇外出务工收入已成为农民收入第一大来源。（3）影响杂粮产量的首要因素是能否得到有效灌溉；其次是耕地质量、种子和自然灾害。影响杂粮销售的首要因素是品质；其次是价格、是否有订单。

5.4　本章小结

第一，辽西多属丘陵山区，是典型的半干旱地区，土地资源丰富、气温高降雨少、日照充足等，为杂粮的生长提供了良好条件。杂粮不仅种类繁多、种植广泛，而且品质优良，在全国享有很高的声誉。谷子的种植面积最大，占杂粮的80%以上；其次为绿豆、小豆等食用豆类。目前有8个杂粮国家地理标志产品。

第二，2016年初辽宁省计划调减非适宜区玉米种植面积200万亩，全省实际完成玉米调减面积209.6万亩，其中，辽西北农牧交错区调减148.8万亩，占全省的70.9%。调减下来的面积主要用来发展设施农业、种植高效经济作物和特色作物，如新增粮油作物面积113.4万亩，其中，优质水稻5.9万亩、豆类16.7万亩、油料9.1万亩、薯类9.3万亩、特色杂粮72.4万亩。

第三，2016年，朝阳县按照《辽宁省朝阳县农业结构调整工程实施方案（2016—2020 年）》的规划，以"稳粮、扩经、优畜"为具体目标，推进种植业结构优化调整。全县玉米种植面积由 2015 年的 110 万亩压缩至 100 万亩；增加杂粮种植面积 4 万亩，全县杂粮面积达到 17 万亩；确保 50 万吨粮食产能，确保"全国粮食生产大县"称号；增加露地蔬果 2.5 万亩，达到 7.5 万亩；增加设施农业 0.5 万亩，达到 7.5 万亩；落实酒高粱种植基地 3 万亩。辽宁省区位优势突出，农户打工机会多，在部分乡镇外出务工收入已成为农民收入第一大来源，玉米省工成为农户选择继续种植玉米的主要因素。影响杂粮产量的首要因素是能否得到有效灌溉；其次是耕地质量、种子和自然灾害。影响杂粮销售的首要因素是品质；其次是价格、是否有订单。

第6章

河北省种植结构调整进展情况调查

　　河北省辖 11 个地级市，是中国唯一兼有高原、山地、丘陵、盆地、平原、湖泊和海滨的省份，享有"中国地形地貌缩影"之称。面积为 18.88 万平方公里，占全国总面积的 1.97%；2016 年末全省常住总人口为 7470.05 万人，户籍人口城镇化率为 38.72%；2016 全省生产总值实现 31827.9 亿元，占全国生产总值的 4.27%。

　　河北省是全国粮油集中产区之一，可耕地面积达 9842.03 万亩，居全国第四位。由于地区条件的气候差异，农作物种类较多。河北省的农作物中，粮食主要有小麦、玉米、谷子、水稻、高粱、豆类等。河北省是全国三大小麦集中产区之一，大部分地区适宜小麦生长。高产稳产集中产区在太行山东麓平原。全省常年种小麦 3000~4000 亩，总产量一般占到全省粮食产量的 1/3 以上。经济作物主要有棉花、花生、糖用甜菜和麻类等。2015 年全省农林牧渔业总产值达到 5978.9 亿元，按可比价格计算，比 2010 年增长 15.7%。粮食生产实现"十二连丰"，粮食总产量达到 672.8 亿斤，比 2010 年增长 13%。小麦、玉米产量分别占全国的 11% 和 7.4%，居全国第三位和第六位。粮食平均单产达到 701.6 斤，比 2010 年增长 11%，夏粮亩产连续 2 年突破 800 斤大关，实现了由中产向高产的跨越。[①]

---

　　① 河北省现代农业发展"十三五"规划。

6.1 河北省杂粮生产概况

河北省具有适合多种作物生长的有利气候条件，是我国主要的杂粮生产地之一。杂粮种植历史悠久，分布区域广泛，主要种植种类有谷子、高粱、大麦、莜麦、荞麦、黍稷、豌豆、红小豆、绿豆、蚕豆、豇豆、白豆、芸豆等。然而，自2000年起，受种植业结构调整以及市场需求等因素的共同作用，小杂粮种植面积逐年递减，近几年保持在500万亩左右。主要产区集中在丘陵山区及干旱贫瘠地区，以旱作雨养为主，点片种植，规模化、集中连片种植的很少。

6.1.1 近年来生产情况

2011 ~ 2015 年，河北省粮食作物播种面积由 9429.15 万亩增加到 9588.75 万亩，增幅为 1.69%。其中，玉米的播种面积由 4553.7 万亩增加到 4872.15 万亩，增幅为 6.99%，平均占粮食作物播种面积的 49.36%；小麦的播种面积由 3594.15 万亩减少到 3478.35 万亩，降幅为 3.22%，平均占粮食作物播种面积的 37.45%；谷子、高粱、杂豆的播种面积都呈下降趋势，薯类的播种面积小幅增加（见表 6 - 1）。

表 6 - 1 　　　　2011 ~ 2015 年河北省杂粮播种面积 　　　　单位：万亩

品种		2011 年	2012 年	2013 年	2014 年	2015 年
玉米		4553.70	4573.65	4663.20	4756.35	4872.15
小麦		3594.15	3615.00	3566.55	3514.05	3478.35
杂粮	谷子	246.75	227.70	216.75	220.80	222.45
	高粱	21.30	21.00	20.40	19.20	17.25
	杂豆	64.80	66.15	62.85	60.00	56.70
	薯类	405.90	400.95	398.55	386.25	410.40

注：杂豆播种面积 = 豆类播种面积 - 大豆播种面积。
资料来源：河北农村统计年鉴（2012 ~ 2016 年）。

2015 年，河北省小麦的亩收益最高，主要原因是河北省是国家小麦最低收购价执行地区；谷子亩收益次之；玉米亩收益基本持平（见表6-2）。

表6-2   **2015年河北省粮食成本收益**

品种	单产（斤/亩）	单价（元/斤）	亩成本（元/亩）	亩收益（元/亩）
玉米	970.08	0.9282	926.64	1.49
小麦	900.14	1.1846	1001.32	84.91
谷子	499.46	1.7141	812.94	75.27

注：其他杂粮品种没有统计数据。

资料来源：河北农村统计年鉴（2012~2016年）。

近几年，河北省杂粮生产者出售谷子、绿豆、薯类价格水平都呈下降趋势，与2014年相比，谷子、薯类价格下降较多。2010~2014年辽宁省杂粮生产者出售谷子价格水平呈上升趋势，出售高粱价格水平年际间波动，出售豆类价格水平呈下降趋势，出售薯类价格水平基本稳定（见表6-3）。

表6-3   **2011~2015年河北省部分杂粮生产价格指数**

品种	2011年	2012年	2013年	2014年	2015年
谷子	98.47	104.34	111.14	117.41	106.38
高粱	100	—	—	103.57	—
绿豆	85.42	108.70	95.18	104.58	102.22
薯类	81.17	89.98	127.61	91.79	79.84

资料来源：河北农村统计年鉴（2012~2016年）。

近年来，辽宁省杂粮种植情况如下：

（1）谷子。在全省均有种植，主要分布在冀北丘陵山区，多以春、夏直播和与豆类作物间作套种两种种植形式为主。常年种植面积为217万亩，总产45万吨。其中，张家口种植面积最大，为54万亩，占全省的1/4，产量为11.6万吨；其次为邯郸和邢台，种植面积分别为49万亩和40万亩；其他地区种植面积相对较小。主要品种有张杂谷系列、冀谷31、8311、冀谷32、冀谷34、冀谷33。谷子基本用途为调味杂粮，谷草有部分应用于畜牧养殖。为了加快谷子产业发展，一些地方已经注意谷子的加工、包装，并注册商标，实行品牌销售。蔚县被誉为"河北谷子之乡"，成立了贡米公司，在国家商标局注册了"凯丰商标"。

（2）高粱。常年种植面积为20万亩，总产4.5万吨。主要集中在黑龙港低洼易涝地区，以沧州市面积最大，种植面积约4.8万亩，种植的主要品种有抗 4、河农 16、晋杂 1、冀杂 12，这些品种均丰产性好、抗病性强。高粱的用途从中华人民共和国成立初期的口粮逐渐演变为调味杂粮，现主要用于供应酿造业；高粱秸秆与玉米秸秆掺混用作青贮饲料。

（3）莜麦。常年种植面积 107 万亩，总产 10.1 万吨。区域性较强，主要分布在张家口、承德地区以及燕山北部、太行山西部深山区，张家口地区种植面积最大，常年均在 96 万亩。种植的主要品种有坝莜 1 号、坝莜 3 号、花早 2 号。莜麦的保健功能好，莜麦的加工产品有莜麦片、挂面、方便面等，除本地居民消费外，销往全国各大城市。

（4）绿豆。常年种植面积 21 万亩，总产 1.6 万吨。全省各地均有分布，以张家口面积最大，常年种植面积在 8.5 万亩左右。绿豆种植多以平作和与棉花、谷子等作物混作或间作。种植的主要品种有冀绿 2 号，中绿 1 号、2 号，衡绿 1 号、2 号、3 号等及张家口地区传统品种"鹦哥绿豆"。绿豆主要满足本省的食用和食品加工需求，其中"鹦哥绿豆"在国际市场上久负盛誉，主要出口韩国、日本及东南亚地区。

（5）红小豆。常年种植面积 11 万亩，总产 9400 吨。全省各地都有种植，以张家口、唐山较多，种植面积分别为 3.4 万亩和 2.5 万亩。种植多为与玉米等作物间作套种，种植的主要品种有冀红 1 号、2 号、3 号、4 号、5 号及唐山红、阳原红、井陉红等。除了供应国内市场外，主要销往日本、德国和东南亚等国家和地区。

（6）荞麦。荞麦以张家口、承德地区种植为主，多为零星种植，年际间种植面积变化较大，一般年度种植面积在 3 万亩，总产 3000 吨。荞麦分为苦荞和甜荞，河北省主要以甜荞为主，苦荞少有种植。近年来，苦荞因为其生物类黄酮含量高，对三高患者食用有保健疗效，直接使用和后期深加工提取药用价值高，成为国内市场杂粮里的抢手货。[①]

6.1.2 发展基础

第一，杂粮具有抗旱耐瘠、适应性强的特点，适用于当前水资源匮

---

① 王亚楠：《调整粮食种植结构 转变小杂粮种植模式》，河北农业信息网，http：//www. heagri. gov. cn/article/zt_jfsx/lml/201511/20151190059923. shtml。

乏、地下水超采严重的现状，结合地下水超采综合治理方案的落实，在河北省部分县区改变冬小麦、夏玉米一年两熟制，大力推广种植小杂粮类农作物一年一熟制，实现"一季休耕、一季雨养"，充分挖掘杂粮作物雨热同期的增产潜力。调整优化粮食种植结构，构建减灾避灾型农业。发展旱作农业、转变杂粮种植观念，逐步开展在土地条件较好的地区种植小杂粮的生产模式，提高小杂粮种植面积和产量，在节水的同时保障了农民的收益。优化人们食物结构多样性，培育特色优势产业具有不可替代的作用。

第二，承德市宽城满族自治县紧靠京津两个国内杂粮消费大市场，具有较强的市场优势。同时，该县处河北省东北部燕山山脉的深山区，其独特的山地气候、土壤条件形成了适宜谷子等杂粮生长的地理环境，决定了五谷杂粮在此县种植普遍、历史悠久和品质优良的特点。尤其是出产的小米，以其"质实米亮，饭香粥粘"的特色，历来在京津唐一带市场上广受欢迎。目前主要种植的杂粮作物有谷子、高粱、糜黍、各种杂豆等10多个品种，常年种植面积基本维持在20000亩左右，约占粮食作物种植面积的10%。其中，谷子种植面积约为15000亩，其他如高粱、糜黍、杂豆等种植面积约为5000亩。

第三，河北蔚县是全国贫困县之一，全县贫困人口多，县域经济滞后，农业自然灾害多，生态脆弱，十年九旱，80%以上的耕地靠天吃饭。杂粮产量大、品质高、种类多，是河北杂粮特色资源丰富的农业大县之一。全县拥有120多万亩耕地，种植谷子、黍子、豇豆、红小豆、扁豆、黑豆等杂粮50多万亩，产量5万吨，国内外市场十分畅销。素有"河北谷子之乡""北方杂粮之乡"的美誉。张家口康保县杂粮杂豆年播种面积55万亩，涵盖莜麦、荞麦等20多个品种，年均产量5000万千克。2016年12月10日，涞源县扶贫龙头企业——甘霖土特产购销公司年产10000吨石碾小米生产线正式投产，传统石碾小米工艺与现代化生产相结合，让当地小杂粮发展成了大产业。在这一项目的带动下，6000余农户每年增收有望达到1200万元。

6.1.3 杂粮品牌建设

经过几年的发展，张家口康保已建成莜面方便面、荞面方便面、脱皮荞麦等生产线 40 多条, 原粮加工转化率达到 60% 以上, 培育了"绿坝""塞霸""富禾"等系列特色品牌; 张家口蔚县吉家庄镇充分发挥"吉家庄杂粮交易市场"这一金字招牌作用, 努力将吉家庄镇打造成为我国北方地区最有影响力的小杂粮交易集散市场, 引导重点粮贸企业引进新技术进行杂粮深加工, 提高杂粮品质, 注册了御冠、蔚康、旺日、景蔚五谷香 4 个商标。昌盛经贸有限公司成为全市唯一取得 HAPPC 食品体系国际认证的粮贸企业。杂粮产品远销湖南、广东等省市, 部分产品出口到欧美及东南亚国家; 承德五谷农庄食品有限公司成立于 2007 年, 是以杂粮方便面为主导、杂粮健康饮品为配套, 集农产品种植、研发、深加工和营销于一体的农业产业化龙头企业, 并已通过 ISO9001 国际标准质量体系和 HACCP 食品安全管理体系双认证, 是承德农业产业化重点龙头企业。五谷农庄研发生产的杂粮速食面, 填补了我国杂粮素食面市场的空白, 成为全国食品加工企业的领航者。2017 年 3 月 28 日, 承德市双滦区西地满族乡肖店村股份经济合作社下设的龙城商贸有限公司一次性通过国家级《食品生产许可证》实地核查验收, 成为双滦区首家获得小米、玉米糁生产许可的绿色杂粮生产、经营企业。

6.1.4　杂粮地理标志产品

1. 蠡县麻山药

蠡县隶属河北省保定市, 是远近闻名的"河北山药之乡"和"中国山药之乡"。麻山药的神奇源于蠡县特殊的地理环境, 据《蠡县水利志》《蠡县土壤志》记载, 历史上潴泷河多次泛滥决口, 在蠡县冲淤形成了极适宜生产优质麻山药的沙壤质潮土, 土层浓度达到 1.5 米以上, 该土种上虚下实, 温差大, 土壤条件得天独厚。蠡县是麻山药栽培主产区, 因与其他山药口味相比, 食之具有淡淡的麻感而被称为"麻山药"。此物掘取食之以充粮, 味入药, 野生者为胜, 若供馔, 则家种者为良, 所以后人称其谓"食药同源"之作物。根须细密且长, 表面颜色发暗, 嘴短皮薄, 质脆肉白、粘液浓稠, 掰开能拉出细丝, 口感绵甜酥麻, 温润爽口, 风味独特, 营养颇佳。2006 年 10 月, 蠡县麻山药以其独特的品质被国家质检总局列为与欧盟开展地理标志互认双边合作试点的第一批保护名单。2007 年 9 月 15 日，国家质监总局在北京钓鱼台国宾馆举行了"中国质量万里行出征仪式"地理标志保护产品现场展示活动。"蠡县麻山药"作为保定市唯一一家地理标志保护产品，同"承德山庄老酒"和"涉县核桃花椒"代表河北省参加了此次展出。2012 年 11 月，蠡县麻山药作为中欧 10 + 10 地理标志互认互保试点项目之一，正式获得批准保护，从此，蠡县麻山药获得了"国际通行证"。2005 年 2 月 21 日，国家质检总局对蠡县麻山药实施原产地域保护，保护范围为河北省蠡县曲堤乡、鲍墟乡、留史镇、南庄镇、蠡吾镇、百尺镇、郭丹镇 7 个乡（镇）现辖行政区域。

2. 围场马铃薯

围场满族蒙古族自治县被誉为"中国马铃薯之乡"，种植马铃薯已有 300 年的历史，当地人们利用当地独特的气候及土壤条件，大力发展马铃薯种植和加工业。生产出的马铃薯具有产量高、薯形大、无病毒、食味佳等特点，并在当地形成了独特的马铃薯文化，这种文化是满蒙文化、草原文化、三边文化的交相辉映，历史悠久，积淀深邃。2009 年 11 月 16 日，国家质检总局对围场马铃薯给予地理标志产品保护，保护范围为河北省围场满族蒙古族自治县现辖行政区域。

3. 武安小米

武安是镶嵌在晋冀鲁豫四省交界处的一颗"璀璨的明珠"。武安是中国小米之乡，武安磁山是粟的发源地、谷子的故乡，有着 7300 多年的种植历史。磁山山高树绿水清，昼夜温差大，谷子为原料精细加工而成，纯天然无公害。这里造就的武安小米色泽微黄、粒小，糊锅易烂，入口绵甜糯香，并含有丰富的维生素，可暖胃养人、舒缓筋骨、止烦解渴、益气补中，常年食用可延年益寿。2010 年 4 月 6 日，国家质检总局对武安小米给予地理标志产品保护，保护范围为河北省武安市现辖行政区域。

4. 蔚州贡米（蔚州小米）

蔚州贡米是中国历代进贡朝廷的"四大贡米"之一。该米含有多种营养物质，如蛋白质、脂肪、碳水化合物、钙、磷、铁、锌、维生素等。蔚州贡米颗粒饱满，金黄灿灿，素以粒大、色黄、味香、富黏性、多营养著称。食口性极佳，米粒均匀，清洁度高，质地晶亮，黏甜可口。用它煮饭或熬粥，色、香，味俱佳，并且容易为人体消化吸收，是孕妇及老、弱、婴和病人较理想的食品。2010 年 12 月 15 日，国家质检总局对蔚州贡米（蔚州小米）给予地理标志产品保护，保护范围为河北省蔚县现辖行政区域。

5. 滦县花生（东路花生）

滦水钟灵，研山毓秀，地处河北省东北部的滦县，有着几千年的农耕文明，是冀东平原上的一颗璀璨明珠，这里独特的地理、地质和生态环境及气候，孕育出了名扬中外的"滦县花生（东路花生）"，中华人民共和国成立后被农业部命名为"中国花生之乡"，国家级商品油料生产基地县。滦县花生（东路花生）外形似蚕茧，荚果表面麻眼浅而光滑白净，薄而松脆；果尖呈鸡嘴型；果仁与果壳间有一定间隙，摇晃时有清脆声；果仁皮呈粉色，果肉呈象牙色；味道鲜美，不油不腻。在食品安全备受关注的今天，滦县花生（东路花生）以其果大皮白、籽粒饱满、含油率高、适口性好，特别是无黄曲霉素污染等优异的品质，蜚声海内外。2014 年 12 月 1 日，国家质检总局对滦县花生（东路花生）给予地理标志产品保护，保护范围为河北省滦县小马庄镇、茨榆坨镇、古马镇、滦州镇、雷庄镇、东安各庄镇、油榨镇共 7 个镇现辖行政区域。

6. 黄旗小米

黄旗小米又称"康熙贡米"，产地位于河北省丰宁满族自治县黄旗镇乐园乡及连桂乡，地理位置为北纬 42°，北京正北 230 公里，坐拥潮河源，这里土质肥沃，气候温凉，雨量适中，十分适宜谷物生长，全产业链有机种植，不用任何化农药（因为用化肥农药农民连种植的本钱都不够），黄旗镇的气候属于中温带大陆性季风气候，冬长夏短、寒暑悬殊，每年 7 月份气温最高，1 月份气温最低，全年无霜期 110～140 天，避免了谷子能量损失。这里日照充足，生长周期长，一年只收一季，周期高达 2700 小时日照，昼夜温差大，利于谷子中干物质的积累与保存，使小米营养丰富、颗粒饱满。平均深度达 2 米的沃土，为小米生长提供了充足的营养成分和不可复制的自然条件。2016 年 7 月 4 日，国家质检总局对黄旗小米给予地理标志产品保护，保护范围为河北省丰宁满族自治县行政区划内黄旗镇、大阁镇等 20 个乡镇所辖行政区划。

6.2　河北省种植业结构调整进展

河北省农业厅印发《河北省农业结构调整三年行动计划（2016—2018）》，从 2016 年开始，河北省进一步推动农业供给侧结构性改革，加快构建现代农业产业体系、生产体系、经营体系，到 2018 年，基本建成产能稳定、产业协调、产品安全、功能拓展、生态节水、优质高效的现代农业生产格局。农业结构调整实现"两稳、两调、四提高"目标。两稳，就是重要农产品产能保持稳定，粮食综合生产能力稳定在 670 亿斤以上。两调，就是粮经饲比由 2015 年的 64∶35∶1 调整到 56∶39∶5，农产品加工业与农林牧渔总产值比由 2015 年的 1.4∶1 调到 2∶1。四提高，就是高端设施农业由 2015 年 100 万亩提高到 500 万亩以上；畜牧、蔬菜、果品三大主导产业占农林牧渔总产值的比重由 2015 年的 70% 提高到 75%；畜牧业占农林牧渔总产值的比重由 2015 年的 35% 提高到 38% 以上；农业产业化经营率由 2015 年的 65.5% 提高到 68.5%。

6.2.1　具体做法

2016 年，河北省种植业结构调整进展顺利，成效显著。一是调减籽粒玉米种植面积取得新进展。在北部农牧交错、山地丘陵等生态环境脆弱区，调减籽粒玉米种植面积 317 万亩，占全省玉米种植面积的 7% 左右。因地制宜发展节水高效的杂粮杂豆、马铃薯等作物 172 万亩，进一步适应生态资源环境，满足市场消费需求。二是粮饲协调发展取得新进展。落实饲用玉米 140 万亩，已播种 60 多万亩，试点县奶牛泌乳牛实现 100% 饲喂全株青贮玉米，全省 80% 以上奶牛养殖场使用全株青贮玉米。种植青贮玉米比籽粒玉米亩增收 200~300 元。三是蔬菜产业提升取得新进展。建成和在建高端设施蔬菜 192 万亩，力争年内发展到 300 万亩，引领全省蔬菜产业提质增效，实现产值 1800 亿元目标。四是耕地休耕试点取得新进展。在地下水漏斗区改革种植模式，压减冬小麦面积、实行季节性休耕，累计休耕面积达到 200 万亩，有效缓解水资源压力。

2017 年河北省计划发展优质小麦 2000 万亩，确保口粮绝对安全。同时，调减非优势产区籽粒玉米种植面积 100 万亩，累计达到 400 万亩。以满足京津市场为重点，河北省将建设集中生产基地，大力发展高端蔬菜生产，新增高端设施蔬菜 200 万亩。以建设生产大县为抓手，做大做优中药材，打造 13 个名优中药材大县；以太行山、燕山产业带为重点，加快香菇、口蘑、双孢菇等高档食用菌生产；以主食化开发为引领，建设 10 个马铃薯生产基地，大力发展马铃薯产业；以富硒农产品为重点，积极发展功能农业，打造区域特色优势产业。

6.2.2 进展情况

2016 年，河北省调减籽粒玉米种植面积 317 万亩，发展了谷子、高粱、荞麦、燕麦等高效杂粮作物 36.5 万亩，是种植业调整中种植面积增加最多的种类。2017 年，河北省种植业结构调整的总目标是全省粮食产能稳定在 670 亿斤以上；粮食作物种植面积所占比重下降 1.5 个百分点，经济作物和饲草作物所占比重分别提高 1 个和 0.5 个百分点；调减非优势产区籽粒玉米种植面积 100 万亩，累计达到 400 万亩。

6.3 基于农户问卷调查的分析

6.3.1 丰宁满族自治县（简称"丰宁县"）农业生产概况

丰宁县位于河北省北部、承德市西部，南邻北京市怀柔区，北靠内蒙古自治区正蓝旗、多伦县，东接承德市围场县、隆化县、滦平县，西面与张家口市赤城县、沽源县接壤，是河北省 6 个坝上县之一，32 个环京津县之一，22 个扩权县之一，13 个环首都经济圈县之一，是国家级贫困县。县城大阁镇距北京市区 188 公里，距怀柔区界 18 公里，地处燕山北麓和内蒙古高原南缘，地势由东南向西北呈阶梯状增高，分坝下、接坝、坝上三个地貌单元。全县总面积 8765 平方公里，为河北省面积第二大县。

丰宁县主要种植作物为玉米，此外还有较大范围的蔬菜种植。但由于坝上、接坝、坝下地区的不同气候与水文条件，种植的主要作物也有所差异。坝下地区主要种植作物为玉米，共 52 万亩，亩产 700 斤；此外有少量的蔬菜种植，约 7.8 万亩，分为设施农业和陆地农业，主要为西红柿和黄瓜。坝上地区以草场为主，耕地面积较少。由于在坝上开垦耕地易加速水土流失和土壤沙化，坝上地区粮食作物也主要为玉米，此外还有少量的杂粮种植，包括莜麦、荞麦、谷子等。粮食作物的种植面积占坝上总耕地面积的 4/5。坝上地区属于北方冷凉地区，土地平坦、土质肥沃，海拔 1200 米以上，昼夜温差大，病虫害较轻，适宜种植蔬菜，有特色蔬菜——时差蔬菜。

6.3.2　丰宁县种植结构调整进展

1. 进展情况

2016 年，丰宁县根据承德市人民政府《关于印发承德市优化农业种植结构实施方案的通知》的要求，制定了压减玉米种植面积调整方案。2016 年丰宁县压减籽粒玉米种植面积 9 万亩，增加全膜覆盖和常规饲用玉米种植面积 3.493 万亩，增加蔬菜种植面积 0.682 万亩，增加中药材种植面积 0.358 万亩，增加苗木繁育面积 0.7 万亩，增加谷子及杂粮种植面积 2.661 万亩，增加食用菌栽培面积 0.015 万亩，增加油料及食葵种植面积 0.641 万亩，增加果品种植面积 0.45 万亩。

2. 具体措施

一是做强奶业。依托缘天然乳业有限公司日处理 500 吨生产线投产、小区牧场化转型全部完成的有利契机，全力推进奶业提质增效。大力拓展奶业销售市场，争取丰宁所产鲜奶全部就地加工转化，扭转鲜奶销售受制于人的局面。2017 年年内力争完成五道营扶贫牧场建设，"缘天然"品牌争创国家驰名商标，缘天然销售额争取突破 4 亿元。全年新增奶牛 1 万头，存栏达到 2.5 万头以上。二是做强时差蔬菜。坚持以构建京津地区精品蔬菜供应基地为目标，大力推进节水设施建设和标准化生产，推动蔬菜产业向规模化、集约化方向发展。坝上地区稳定现有种植规模，坝下地区沿 112 线及潮河流域新增设施蔬菜 1 万亩，露地蔬菜 1 万亩，全县蔬菜种植面积达到 15 万亩以上，其中设施蔬菜达到 2 万亩。建设胡麻营、王营等 8 个千亩设施蔬菜园区；以黄旗、大阁等乡镇为重点，建设 5 个千亩露地蔬菜园区，并推动两个育苗中心投产，年内完成育苗 6000 万株；推动昌达农业与香港特区湖西岛有机农业公司进行合作，完成有机蔬菜种植 6000 亩，并举办丰宁首届国际有机蔬菜高峰论坛；推动丰盛鼎康酱业与北京六必居合作，在丰宁建设酱菜原料生产基地 5000 亩；依托京东·丰宁生鲜馆，加快特色农产品上线步伐，年内力争销售额突破 6000 万元。三是生态林果业。按照"生态产业化、产业生态化"的发展思路，围绕杏扁、特色果品、原料林等产业，新增经济林 5 万亩，重点打造 3 个万亩示范基地：以外沟门为中心建设万亩大果沙棘基地；以土城、黄旗、南关等乡镇为重点建设万亩山杏基地；以坝下地区乡镇为重点建设万亩特色果品基地，其中建成胡麻营村，南关乡黄土梁、横河、两间房联村，凤山镇乌拉海营、千佛寺、沙锦营联村，西官营乡卡沟门村 4 个千亩以上示范基地。四是杂粮产业。依托黄旗皇、大丰收等 7 个企业，种植黄旗有机小米 6000 亩；依托元始农业公司，在万胜永、小坝子、选营、南关等乡镇，发展传统品种杂粮基地 8000 亩；以坝上接坝乡镇为重点，发展胡麻、荞麦等绿色杂粮基地 10 万亩。在抓好主导产业发展的同时，要稳步推进肉牛、肉羊、生猪、食用菌、中药材等特色产业发展，力促中华蜂、电子商务新兴产业尽快形成规模，培育新的经济增长点。

　　2010 年，丰宁县共完成农作物播种面积 106.03 万亩；2015 年，全县共完成农作物播种面积 119.9 万亩，其中，玉米、莜小麦、中药材播种面积增加，但是玉米种植面积基数大，增加幅度不大，中药材种植面积增长幅度最快，莜小麦种植面积增加幅度也比较大。蔬菜、马铃薯、谷子、豆类种植面积都出现减少趋势。其中，蔬菜减少面积最少，基本稳定；豆类种植面积减少最快，谷子次之（见表 6 - 4）。2016 年玉米亩收益 310 元，低于谷子（亩收益 365 元）、马铃薯（亩收益 940 元），高于红小豆（亩收益 280 元）（见表 6 - 5）。

表 6 - 4　　　2010 年、2015 年丰宁县主要农作物播种面积对比情况　单位：万亩

品种	2010 年	2015 年	波动幅度（%）
玉米	49.00	52.13	+6.39
马铃薯	10.18	8.00	-21.41
莜小麦	18.95	25.60	+35.10
水稻	0.15	0.07	-53.33
谷子	3.50	3.00	-14.29
豆类	2.10	1.40	-33.33
蔬菜	20.12	20.00	-0.60
中药材	2.03	6.30	+210.34

资料来源：丰宁县农业局。

表 6 - 5　　　　　　2016 年丰宁县主要农作物成本收益

品种	单产（斤/亩）	单价（元/斤）	亩成本（元/亩）	亩收益（元/亩）
玉米	1000	0.8	490	310
谷子	350	2.5	510	365
红小豆	200	4.0	520	280
马铃薯	4200	0.7	2000	940

资料来源：丰宁县农业局。

6.3.3　农户问卷分析

1. 数据来源

本部分研究数据来自于课题组 2017 年 7 月、10 月对丰宁县的 6 个乡（镇）、12 个行政村农户的问卷调查。采用随机抽样的方法，采取问卷调查以及与基层干部访谈相结合的调研方式，共发放农户问卷 180 份，其中，有效问卷 180 份，问卷有效率 100%（见表 6 - 6）。

2. 样本基本特征

样本村：4 个乡（镇）共辖 10 个行政村，平均户数 485 户；平均耕

地面积3366亩；种植业是农户收入的主要来源，平均占比42.16%（见表6-7）。

表6-6　　　　　　　　**样本农户分布情况及有效样本比例**

县（市）	乡（镇）	村	样本农户数（户）	有效样本数（户）	有效样本比例（%）
丰宁县	北头营乡	北头营村、松树岭村、北二营村	25	25	100
	凤山镇	白营村、东头营村、兰营村	26	26	100
	波罗诺镇	波西村、河南村、岔沟门村	39	39	100
	窟窿山镇	王家营村	30	30	100
	土城镇	张营子村	30	30	100
	小坝子乡	槽碾沟村	30	30	100
合计			180	180	100

资料来源：实地调研。

表6-7　　　　　　　　**样本村的基本特征**

县（市）	乡（镇）	村	人口（人）	户数（户）	行政区域面积（平方公里）	耕地面积（亩）	种植业收入占比（%）
丰宁县	北头营乡	北头营村	1146	426	25.57	2800	60.00
		松树岭村	842	252	8.00	2004	23.25
		北二营村	1714	511	31.97	6020	50.00
	凤山镇	白营村	2680	865	21.82	3500	12.00
		东头营村	1310	406	10.58	5033	70.00
		兰营村	870	304	14.00	1279	33.00
	波罗诺镇	波西村	1710	530	10.00	2860	60.00
		河南村	2550	740	31.47	4200	30.00
		岔沟门村	1100	374	8.00	1400	33.33
	小坝子乡	槽碾沟村	1210	445	71.67	4567	50.00
平均			1513	445	23.31	3366	42.16

注：调研时，王家营村和张营子村没有见到村干部，故没有村表。

资料来源：实地调研。

样本农户：60 岁以上的户主占比为 24.15%，户主平均年龄为 54 岁，乡（镇）之间差别不大；户主文化程度为初中及初中以上的平均占比为 55.62%，乡（镇）之间最大相差近 39 个百分点；农户家庭从事农业的劳动力平均为 2 人，丰宁县的玉米种植农户玉米种植机械化程度较低，部分农户仍在使用驴、牛等牲畜来耕种，这与人均耕地面积小、地块分散有直接关系；户均耕地面积为 11.41 亩，乡（镇）之间差距较大，其中，旱地所占比例平均为 93.58%，农户有耕地转入行为的比例平均为 20%，转入的耕地主要来源是向本村或邻村村民租赁，也有小部分是无偿耕种亲戚朋友外出打工闲置的耕地（见表 6 – 8）。

表 6 – 8　　　　　　　　　　样本农户的基本统计特征

县（市）	乡（镇）	户主平均年龄（岁）	户主文化程度（%）	家庭中从事农业的劳动力（人）	户均耕地面积（亩）
丰宁县	北头营乡	55	64.00	1.84	14.60
	凤山镇	56	73.08	2.08	11.85
	波罗诺镇	53	60.53	1.79	8.40
	窟窿山镇	55	34.48	1.83	14.90
	土城镇	49	56.67	2.40	16.20
	小坝子乡	56	46.67	2.00	3.98
平均		54	55.62	1.98	11.41

注：户主文化程度指初中及初中以上文化程度的户主所占比例；家庭从事农业的劳动力指实际从事农业活动的家庭成员，部分成员年龄超过 60 周岁；户均耕地面积指实际耕种的土地面积，包括自有耕地和转入的耕地。

资料来源：实地调研。

3. 农户种植结构分析

2014～2016 年，样本村玉米播种面积总体减少，但数量十分有限，蔬菜、树苗、杂粮播种面积增加（见表 6 – 9）。调研中了解到，树苗、蔬菜都有订单，杂粮没有订单。玉米是农户种植的第一大农作物，几乎家家都种；经济作物主要是设施农业，数量较少。畜牧业主要是牛、羊。

表6-9 样本村种植结构变化情况 单位：%

县（市）	乡（镇）	村	品种	2014年	2015年	2016年
丰宁县	北头营乡	北头营村	玉米	95	95	95
			杂粮	5	5	5
		松树岭村	玉米	95	95	95
			杂粮	5	5	5
		北二营村	玉米	100	91	91
			杂粮	0	9	9
	凤山镇	白营村	玉米	91	63	63
			树苗	0	29	29
			杂粮	9	1	1
		东头营村	玉米	81	81	81
			杂粮	9	9	9
		兰营村	玉米	96	96	96
			杂粮	4	4	4
	波罗诺镇	波西村	玉米	80	80	73
			蔬菜、树苗	9	9	12
			杂粮	11	11	15
		河南村	玉米	100	100	100
			杂粮	0	0	0
		岔沟门村	玉米	90	90	80
			杂粮	10	10	20
	小坝子乡	槽碾沟村	玉米	88	88	88
			蔬菜	4	4	4
			杂粮	8	8	8

资料来源：实地调研。

4. 杂粮种植成本分析

据课题组在丰宁县小坝子乡曹碾沟村对典型普通种植农户测算，2016年种植玉米4亩，单产700斤，出售价格每斤0.75元（24%水分），生产投入每亩430元，亩均净利润（不含投工）75元，低于谷子（亩收益90元）、葵花（亩收益300元）（见表6-10）。

表 6 – 10　　　　　　　　　2016 年典型样本农户杂粮种植成本收益情况

农作物	单产（斤/亩）	单价（元/斤）	亩成本（元/亩）	亩收益（元/亩）
谷子	300	1.8	450	90
葵花	200	4.5	600	300

资料来源：实地调研。

5. 影响杂粮种植的主要因素

河北省不是国家实施玉米临时收储政策的省份，但 2016 年玉米收储制度改革导致玉米市场价格下跌也传导到河北省，只是相对于东北和内蒙古玉米价格下降幅度较小。从丰宁县农户调查问卷来看，与 2015 年相比，2016 年约有 18.4% 的农户减少了玉米种植面积；55.17% 的农户认为当地的土质适合种植杂粮等抗旱型农作物，但是产量低、销售困难、费工是主要制约因素。农户玉米结构调整意愿不强的主要原因有：（1）河北省区位优势突出，农户打工机会多，在部分乡镇外出务工收入已成为农民收入主要来源。相对于玉米种植而言，杂粮种植费工；（2）现有的企业（包括合作社）规模偏小，受资金、技术等方面的制约，不能带动多数农户进行玉米结构调整。北京春播科技有限公司在丰宁县小坝子乡槽碾沟村流转了200 亩水资源条件较好的耕地种植蔬菜，每亩流转费用 400～600 元，在蔬菜种植过程中又雇佣本村劳动力，有效地带动了当地农民增收，但是流转的土地面积只占耕地总面积的 4.4%。①

6.4　本章小结

第一，河北省具有适合多种作物生长的有利气候条件，是我国主要的杂粮生产地之一。杂粮种植历史悠久，分布区域广泛，主要种植种类有谷子、高粱、大麦、莜麦、荞麦、黍稷、豌豆、红小豆、绿豆、蚕豆、豇豆、白豆、芸豆等。然而，自 2000 年起，受种植业结构调整和市场需求等

---

① 槽碾沟村耕地总面积 4567 亩，其中有效灌溉面积 1500 亩。北京春播科技有限公司在当地种植蔬菜需雇佣 6 个月的本村劳动力，其中，男劳动力 85 元/天，女劳动力 70 元/天。

因素的共同作用，小杂粮种植面积逐年递减，近几年保持在 500 万亩左右。主要产区集中在丘陵山区及干旱贫瘠地区，以旱作雨养为主，点片种植，规模化、集中连片种植的很少。目前有 6 个杂粮国家地理标志产品。

第二，2016 年，河北省调减籽粒玉米种植面积 317 万亩，发展了谷子、高粱、荞麦、燕麦等高效杂粮作物 36.5 万亩，是种植业调整中种植面积增加最多的种类。2017 年，河北省种植业结构调整的总目标是：全省粮食产能稳定在 670 亿斤以上；粮食作物播种面积所占比重下降 1.5 个百分点；经济作物和饲草作物所占比重分别提高 1 个和 0.5 个百分点；调减非优势产区籽粒玉米种植面积 100 万亩，累计达到 400 万亩。

第三，2016 年，丰宁县根据承德市人民政府《关于印发承德市优化农业种植结构实施方案的通知》文件要求，制定了压减玉米种植面积调整方案。2016 年丰宁县压减籽粒玉米种植面积 9 万亩，增加全膜覆盖和常规饲用玉米种植面积 3.493 万亩，增加蔬菜种植面积 0.682 万亩，增加中药材种植面积 0.358 万亩，增加苗木繁育 0.7 万亩，增加谷子及杂粮种植面积 2.661 万亩，增加食用菌栽培面积 0.015 万亩，增加油料及食葵种植面积 0.641 万亩，增加果品种植面积 0.45 万亩。从丰宁县农户调查问卷来看，与 2015 年相比，2016 年约有 18.4% 的农户减少了玉米种植面积。55.17% 的农户认为当地的土质适合种植杂粮等抗旱型农作物，但是产量低、销售困难、费工是主要制约因素。农户玉米结构调整意愿不强的主要原因有：（1）河北省区位优势突出，农户打工机会多，在部分乡镇外出务工收入已成为农民收入主要来源。相对于玉米种植而言，杂粮种植费工。（2）现有的企业（包括合作社）规模偏小，受资金、技术等方面的制约，不能带动多数农户玉米结构调整。

第7章

结论和政策建议

7.1 研究结论

7.1.1 政府政策宣传需加强

从基层干部的角度讲，被访谈的县（市）农牧业部门干部都知道玉米临时收储政策，通过上级政府的宣传也都知道 2016 年玉米临时收储政策改革为生产者补贴制度和《中共中央国务院关于推进价格机制改革的若干意见》（下称《意见》），但是普遍心存疑虑、不敢冒险，害怕承担替代作物市场价格下跌的风险。被访谈的村干部①中，只有 37.5% 的村干部知道《意见》，且地区间差距较大。丰宁县村干部知道《意见》的比例为 77.8%，获取信息的来源主要是上级政府部门工作人员的讲解；白城市、乌兰察布市、朝阳县的村干部知道《意见》的比例分别仅为 12.5%、16.7%、20.12%，获取信息的来源主要是通过政府的电视电台广播。从农户的角度讲，80.26% 被调查农户不知道 2016 年玉米临时收储政策改革为生产者补贴制度。尽管调研中调查者用尽可能通俗的语言向农户解释《意见》的主要内容，仍有 85.34% 的被调查农户表示从没听说过，其中，乌兰察布市没通说过《意见》的农户比例高达 94.5%。农户获取这些信息的

---

① 村干部包括村会计、村长、村支书、村妇女主任等。

主要来源依次是政府的电视电台广播、政府工作人员的讲解、网络、政府的宣传材料、听邻居/亲戚/朋友说。

7.1.2　农户结构调整需引导

总体来看，78.5%的被调查农户表示 2017 年还将计划种玉米，其中，58.6%的农户表示种植面积将和 2016 年一样多，41.4%的农户表示种植面积将比 2016 年减少。玉米是丰宁县第一大农作物，是白城市第一大粮食作物，是乌兰察布市仅次于马铃薯的第二大粮食作物，是朝阳县第一大农作物。在以农业经营收入为主要收入来源的白城市、乌兰察布市，玉米市场价格下跌对农民收入影响较明显，农户调整意愿应该较强。然而，白城市、乌兰察布市 72.6%的被调查农户表示 2017 年还将计划种玉米，其中，51.3%的农户表示种植面积将和 2016 年一样多，38.8%的农户表示种植面积将比 2016 年减少。实际调整意愿不高的原因，一是白城市被调查的户主年龄大多在 45 岁以上，乌兰察布市大多在 55 岁以上，他们已经习惯于种植玉米，接受新技术、新品种存在一定困难；二是在畜牧业比重较高的地区，农户种植玉米的目的主要是自用，对市场价格变化不敏感，玉米种植面积的多少取决于畜产品市场价格的变化而导致的养殖规模的变化；三是想调整的农户缺乏市场信息，不知道种什么农作物收益会高于玉米。在以第三产业为主要收入来源的朝阳县、丰宁县，户均耕地面积小，玉米种植既省工又省力，农户调整意愿更不高。

7.1.3　企业带动能力需提高

市场价格下跌是造成农户种植玉米收益下降的主要原因，绝大多数农户开始减少或有减少玉米种植面积的想法。74.1%的被调查农户认为当地的土质和种植技术都适合种植杂粮、马铃薯、花生、葵花等耐旱型作物，但是普遍担心改种后的市场销售问题，虽然玉米市场价格下跌，但是近几年看销售没问题。水资源条件较好的地区，农户认为改种大棚蔬菜、西瓜等经济作物效益也不错，但是这类经济作物上市期集中在 1～2 个月，面临的最大问题仍然是市场销售问题。调研中了解到，现有的企业（包括合作社）规模偏小，受资金、技术等方面的制约，不能带动多数农户玉米结构调整。北京春播科技有限公司在丰宁县小坝子乡槽碾沟村流转了 200 亩水资源条件较好的耕地种植蔬菜，每亩流转费用为 400～600 元，在蔬菜种植过程中又雇佣本村劳动力，有效地带动了当地农民增收，但是流转的土地面积只占耕地总面积的 4.4%。① 洮南市是吉林省唯一的一个国家级玉米制种基地市（县），加入洮南市车力乡玉米制种合作社的农户一亩制种玉米的保底收入是 2800 元，但是受资金的制约，周边可用玉米制种面积达到了 20 万亩以上，合作社实际经营的制种玉米种植面积也仅有 4.5 万亩。

7.1.4 配套支持措施需完善

《意见》的基本原则之一是坚持市场导向，尊重农民意愿。通过规划指导、信息引导、政策扶持，合理安排作物品种结构。从调研了解的情况看，农民的种植决策在很大程度上具有一定的盲目性，完全把农民推向市场，让农民自主选择农作物品种结构是不切实际的。水资源短缺是这些地区农业生产面临的最大问题，被调查的玉米种植农户实际耕种的耕地面积中 65.4% 是旱地，旱地完全是雨养；水浇地主要依靠打井灌溉，最深的井已达到 100 米以上，农民灌溉一般需要支付电费，部分农户为了节约成本减少了灌溉次数或根本就不灌溉。杂粮一般都抗旱、耐瘠薄，在这些地区有种植基础，是玉米结构调整较理想的替代作物，但是产量偏低，近几年价格又不稳定，农民想种植又顾虑重重。乌兰察布市凉城县永兴乡为提高农民种植谷子的积极性，2014 年实施了向贫困户免费提供薄膜的扶持政策，② 永新村当年谷子种植面积达到 1300 亩，亩产达到 250 千克，2015 年取消了这项政策，谷子种植面积减少到 1000 亩，亩产也只有 150 千克，2016 年继续减少到 650 亩。

---

① 槽碾沟村耕地总面积 4567 亩，其中有效灌溉面积 1500 亩。北京春播科技有限公司在当地种植蔬菜需雇佣 6 个月的本村劳动力，其中，男劳动力 85 元/天，女劳动力 70 元/天。

② 一亩谷子的种植成本约 250 元（不含薄膜），一亩地平均需要一卷薄膜，一卷薄膜约 150 元，薄膜投入约占谷子种植成本的 37.5%。

7.2 政策建议

7.2.1 加大政策宣传引导玉米结构调整

2008 年起我国在东北和内蒙古实施玉米临时收储政策，临时收储价格从 2008 年的每斤 0.74 元上升到 2013 年的每斤 1.11 元，[①] 然而，随着国内外玉米市场供求关系的变化，玉米临时收储政策在保护农民利益的同时，积累的矛盾也越来越突出。为此，我国政府在 2015 年首次下调玉米临时收储价格，并于 2016 年取消玉米临时收储政策，同时在东北和内蒙古建立生产者补贴制度，玉米的价格由市场供求决定。在这个背景下，非优势产区玉米结构调整是提高这些地区玉米种植者收入的重要举措之一。从调研了解的情况看，虽然农民从近几年玉米价格的变化上意识到了种植玉米的收益在减少，但并不了解政策方面的变化及今后决定玉米价格的深层次因素。考虑到 2016 年是取消玉米临时收储政策、实施生产者补贴制度的第一年，农民普遍缺乏了解，建议地方政府通过电视电台广播、印发相关宣传材料，特别是基层政府工作人员利用各种培训机会向农民讲解政策内容，引导玉米结构调整。

7.2.2 打造杂粮品牌带动玉米结构调整

杂粮在"镰刀弯"地区玉米结构调整、轮作倒茬、土壤培肥等方面具有优势。白城市纬度高，冬季严寒，夏季短促，昼夜温差较大，大部分地区年降水量 500 毫米以上，是传统的杂粮种植区。丰宁县和乌兰察布市土壤贫瘠，降水量 300 毫米以上，灾害种类多，其中干旱、霜冻发生概率大、危害程度重，杂粮曾是这些地区的主要粮食作物。随着人们生活水平的提高和膳食结构的改变，我国城乡居民的饮食结构逐渐由单一型向多元型发

---

① 以黑龙江省的玉米临时收储价格为例。

展，杂粮以其营养多样性、药食同源作用以及绿色品质而受到消费者的关注和青睐。调研中了解到，这些地区一般旱地种植杂粮，基本不施农药化肥，杂粮品质很好，但却遭遇卖不上好价钱甚至卖不出去的尴尬，缺乏品牌效应是主要原因之一。吉林省已启动洮南绿豆区域公共品牌建设，乌兰察布市所产的荞麦、燕麦、大麦、谷子等杂粮一直都是国内外紧俏产品，丰宁县黄旗镇的"黄旗小米"也有较高的知名度。建议以已有的杂粮品牌为重点，通过建设标准化生产示范基地，开发建设杂粮物联网（溯源）服务平台，打造一批享誉国内外的杂粮品牌，带动玉米结构调整。

7.2.3 扶持龙头企业参与玉米结构调整

农业产业化经营对当地农户收入的增长总体上具有积极的影响，而中国农业龙头企业与农户间的合作为解决农业大规模生产与人多地少之间的矛盾、促进农业产业化提供了很好的途径。国家重点龙头企业的规模和实力较大，对农户的带动能力较强，因此，与国家重点龙头企业合作的农户，其收入增加和能力提高更明显。截至 2015 年末，乌兰察布市有 1 家国家级农牧业产业化重点龙头企业，25 家自治区级农牧业产业化重点龙头企业，其中只有 4 家涉及马铃薯生产和经营，其他杂粮品种都没有涉及;①白城市共有农业产业化省级重点龙头企业 5 家，其中大安市 2 家，洮南市 2 家，镇赉县 1 家，数量偏少且分布不均。从调研了解的情况看，普遍存在农业企业数量少且规模较小，带动农户增收能力有限的问题，农民们期盼通过订单农业发展替代作物生产、规避市场风险。建议以国家和省级农业产业化重点龙头企业为重点，扶持一批规模大、水平高的杂粮等替代作物的加工龙头企业，增强企业带动农户能力，引导加工企业与农民、合作社建立产销协作关系，大力发展订单农业，实现杂粮等替代作物产业化经营。

---

① 乌兰察布市国家级农牧业产业化重点龙头企业（内蒙古民丰薯业有限公司）、自治区级农牧业产业化重点龙头企业（内蒙古嘉恒农业科技有限责任公司、内蒙古兴和县兴隆食品有限责任公司、商都县绿娃农业科技有限责任公司）。

7.2.4　完善配套措施支持玉米结构调整

玉米结构调整是一项长期的任务，必须统筹谋划，搞好规划引导，有力有序推进。从国家层面讲，要加强顶层设计，所在省份农业部门应成立结构调整的组织领导机构，要结合本地实际，制定可行的结构调整方案，明确调整方向和重点。要加强农村水利基础设施、高标准农田、农村电网升级改造等基础设施建设。从玉米种植者角度讲，结构调整过程中面临着信息、技术、资金等主要问题。信息问题要通过不断完善"三农"信息服务的组织体系和工作体系，实现信息进村入户工程及 12316 "三农"综合信息服务基本覆盖。技术问题要通过加快选育青贮玉米专用品种、高蛋白大豆品种，培育替代种植的高产优质的杂粮饲草等品种。改进完善种植制度、栽培方式和配套机具，集成配套籽粒改青贮、玉米改饲草、玉米改杂粮、玉米改大豆等不同种植模式等。资金问题除了利用好国家财政支持资金，还要通过加强与各类金融机构的协作，积极创新农业金融产品和服务，引导和激励金融资金参与农业结构调整。

7.3　进一步研究的建议

农户是我国农业生产的主体单位，生产行为是诱发我国种植结构调整的最主要微观基础。在我国农业发展进程中一直伴随着农业结构不断的变化和调整，正是农业结构的变化和调整推进了农业发展。价格是影响种粮农户生产决策的最关键因素，玉米价格市场化必将使主产区农户种粮收入大幅减少，理论上讲，农户会对这一变化做出反应，从而实现通过价格优化农业生产结构和区域布局（陈锡文，2016）。然而，2016 年是玉米价格市场化的第一年，农户调整需要时间，相关的政策也在不断完善中，需要持续跟踪调研。因而，后续还需要继续关注非优势产区，主要是杂粮优势、传统产区农户生产行为的变化和宏观层面关于杂粮发展的支持政策。

附录1 农业部关于"镰刀弯"地区玉米 结构调整的指导意见

近年来，中央高度重视粮食生产，出台了一系列强有力的扶持政策，促进粮食连年增产，为经济社会大局起到了基础保障作用。当前，我国粮食供求总量平衡，但结构性矛盾日益突出。受国内消费需求增长放缓、替代产品进口冲击等因素影响，当前玉米供大于求，库存大幅增加，种植效益降低。根据玉米供求状况和生产发展实际，亟须进一步优化种植结构和区域布局，提升农业的效益和可持续发展能力。

"镰刀弯"地区，包括东北冷凉区、北方农牧交错区、西北风沙干旱区、太行山沿线区及西南石漠化区，在地形版图中呈现由东北向华北—西南—西北镰刀弯状分布，是玉米结构调整的重点地区。该地区是典型的旱作农业区和畜牧业发展优势区，生态环境脆弱，玉米产量低而不稳。为贯彻落实中央关于加快转变农业发展方式的部署和调整优化农业结构的要求，发挥比较优势，推进农牧结合，促进产业提档升级，实现稳粮增收、提质增效和可持续发展，对当前"镰刀弯"地区玉米结构调整提出以下意见。

一、切实增强对"镰刀弯"地区玉米结构调整重要性和紧迫性的认识

优化"镰刀弯"地区玉米种植结构，既是适应性的主动作为，更是战略性的积极调整。

（一）推进"镰刀弯"地区玉米结构调整是提高农业综合效益的重要途径。近些年来，"镰刀弯"地区玉米发展过快，种植结构单一，种养不衔接，产业融合度较低，影响种植效益和农民收入。要加快调整玉米结构，构建合理的轮作体系，实现用地养地结合。推进种养结合，实施"粮改饲"，就地过腹转化增值，实现效益最大化。推进一二三产业融合发展，延伸产业链、打通供应链、形成全产业链，促进农业增值和农民增收。

（二）推进"镰刀弯"地区玉米结构调整是提升农业可持续发展能力的现实选择。"镰刀弯"地区是北方水资源匮乏的集中区域，也是退耕还林还草和生态涵养建设的重点区域。近些年，由于玉米生产快速扩张，水土流失、土壤沙化等问题加重，资源环境约束与生产发展的矛盾日益突出。需要转变发展方式，主动调整种植结构，适当调减一些非优势产区的玉米种植，走出一条资源节约、生态友好的农业可持续发展之路。

（三）推进"镰刀弯"地区玉米结构调整是增强我国农业竞争力的有效措施。受全球经济低迷、石油价格下跌、深加工疲软等多种因素影响，国际市场玉米供给宽松、价格下跌，而我国因成本上升等因素影响，玉米价格持续上涨，国内外玉米价格倒挂。受此影响，玉米及玉米替代品进口量快速增长，对国内玉米生产造成较大冲击。适应这种新趋势，必须主动调整玉米种植结构，缓解当前国内玉米库存压力，提升我国农业的国际竞争力。

对玉米问题要科学地分析、理性地判断，充分认识玉米在粮食连年增产中的重要贡献和保障国家粮食安全中的重要地位。同时，正确研判玉米供求趋势，特别是要看到当前库存增加较多是暂时的，玉米作为重要的能量饲料，需求呈增长的趋势是长期的。当前，推进"镰刀弯"地区玉米结构调整，主要是适当调减非优势区，对优势核心产区不仅不调，还要加强产能建设，保障谷物基本自给。各地一定要从全局和战略的高度，切实增强责任感和紧迫感，准确把握结构调整的重点和方向，调优、调特、调高、调深玉米结构布局，促进玉米生产持续稳定发展。

二、"镰刀弯"地区玉米结构调整的思路目标和重点任务

（一）指导思想

深入贯彻党的十八大、十八届三中、四中、五中全会和习近平总书记系列重要讲话精神，认真落实新形势下国家粮食安全战略的总体部署，以市场需求为导向、以提质增效为目标，坚持生态保护优先，强化政策扶持，依靠科技创新，加强信息引导，尊重农民意愿，加快构建"镰刀弯"地区粮经饲统筹、农牧结合、种养加一体、产业融合的现代农业产业体系，着力提高农产品市场竞争力，走产出高效、产品安全、资源节约、环

境友好的可持续发展之路。

（二）基本原则

——坚持因地制宜，做到有压有保。综合考虑"镰刀弯"地区资源禀赋、区位优势、市场条件、产业基础等因素，保护优势产区，调减非优势区种植，优先发展比较优势突出的作物或产业，把玉米结构调整与培育区域特色农产品密切结合，避免产业同构、同质竞争，将资源优势转化为产业优势、产品优势和竞争优势。

——坚持市场导向，尊重农民意愿。充分发挥市场配置资源的决定性作用，以市场需求为导向，立足多元化、优质化的市场需求，通过规划指导、信息引导、政策扶持，合理安排作物品种结构。尊重农民意愿和经营自主权，搞好服务和引导示范，不搞强迫命令，不搞一刀切，充分调动各类生产经营主体积极性。

——坚持多业并举，推进产业融合。根据主要农产品自给水平和生产优先序，以销定产、以养定种，打造全产业链。减少籽粒玉米，因地制宜发展青贮玉米、鲜食玉米，统筹兼顾其他生态适宜性作物和优质饲草，科学推进种养结合、生产与加工结合。积极发展产前产后服务业，延长产业链，增加附加值。

——坚持创新驱动，促进提质增效。加大科研投入，推进农科教、产学研大联合、大协作，突破结构调整关键技术瓶颈，培育重大科技成果，促进节水、节肥、节药等高产高效技术转化应用，增强产业科技自主创新能力。创新生产经营方式，培育新型经营主体，发展农业社会化服务，示范带动结构调整，引导产业转型升级。

——坚持着眼全球，确保产业安全。充分利用国际国内两种资源、两个市场，建立产业预警机制。用好用足国际农产品贸易规则，建立健全有利于保护农民利益、玉米生产持续发展的贸易管理机制。引导国内企业在国际市场配置资源、布局产业，培育具有国际竞争力的大型农业企业集团。

（三）重点任务

力争到 2020 年，"镰刀弯"地区玉米种植面积稳定在 1 亿亩，比目前减少 5000 万亩以上，重点发展青贮玉米、大豆、优质饲草、杂粮杂豆、春小麦、经济林果和生态功能型植物等，推动农牧紧密结合、产业深度融合，促进农业效益提升和产业升级。**一是构建时空匹配的布局结构**。立足各地的气候条件、生产水平和产业基础，因地制宜、突出重点，从时间和空间上合理布局，科学引导不同类型区域农业结构调整。**二是构建用养结合的种植结构**。优化种植结构，推行粮豆轮作等生态友好型耕作制度，建立用地养地结合的土地利用模式，促进区域农业可持续发展。**三是构建农牧结合的种养结构**。充分挖掘饲草料生产潜力，大力发展草食畜牧业，形成粮草兼顾、农牧结合、循环发展的新型种养结构，促进粮食作物、经济作物、饲草料三元种植结构协调发展。**四是构建产加销结合的产业结构**。建设鲜食、饲用及其他专用玉米原料基地，着力发展加工、物流和服务业，延长产业链条，增加生产效益。

（四）技术路径

围绕"镰刀弯"地区结构调整的目标任务，重点是推进"六个调整"。**一是适宜性调整**。重点是调减高纬度、干旱区的玉米，改种耐旱的杂粮杂豆和生育期短的青贮玉米。**二是种养结合型调整**。重点是粮饲兼顾，调减籽粒玉米、发展青贮玉米和苜蓿，以养定种，把"粮仓"变为"粮仓"＋"肉库"＋"奶罐"。**三是生态保护型调整**。重点是调减石漠化地区的玉米种植，改种有生态涵养功能的果桑茶药等经济林、饲草、饲油兼用的油莎豆等，既保护生态环境，又促进农民增收。**四是种地养地结合型调整**。重点是东北地区恢复大豆玉米轮作，因地制宜发展苜蓿玉米轮作，华北地区实行冬小麦夏花生（豆类）种植，发挥豆科作物固氮养地的作用。**五是有保有压调整**。重点是稳定玉米核心产区，调减北方农牧交错区、西北风沙干旱区、西南石漠化区等非优势区的玉米，特别是调减黑龙江和内蒙古第五积温带及部分第四积温带的玉米。**六是围绕市场调整**。重点是发挥龙头企业和新型经营主体的带动作用，实行订单种养、产加销融合。

三、"镰刀弯"地区玉米结构调整的重点区域

综合考虑自然生态条件、农业结构现状、生产发展水平、替代作物效益及结构调整潜力和可行性，把握好五个区域的结构调整重点和方向。

（一）东北冷凉区

区域特点：该区位于高纬度、高寒地区，包括黑龙江北部和内蒙古东

北部第四、五积温带以及吉林东部山区，≥10℃积温在 1900 ~ 2300℃，冬季漫长而严寒，夏季短促，无霜期仅有 90 多天，昼夜气温变化较大，农作物生产容易遭受低温冷害、早霜等灾害的影响。由于多年玉米连作，造成土壤板结、除草剂残留药害严重，影响单产提高和品质提升。

主攻方向：通过市场引导和政策扶持，把越区种植的玉米退出去，扩大粮豆轮作和"粮改饲"规模。内蒙古、黑龙江和吉林要结合区内畜牧业发展的要求，大力发展青贮玉米，扩大饲料油菜种植，发展苜蓿等牧草生产，满足畜牧业发展对优质饲料的需求。发挥东北地区种植大豆的传统优势，恢复粮豆轮作种植模式。发展优质强筋春小麦，建立硬红春小麦生产基地。力争到 2020 年，调减籽粒玉米 1000 万亩以上。

（二）北方农牧交错区

区域特点：该区是连接农业种植区和草原生态区的过渡地带，涉及黑龙江、吉林、辽宁、内蒙古、山西、河北、陕西、甘肃等省（区），属于半干旱半湿润气候，土地资源丰富，光热条件好，但水资源紧缺，土壤退化沙化，是我国灾害种类多、发生频繁、灾情严重的地区，其中干旱发生概率最大、影响范围最广、危害程度最重。

主攻方向：东北四省区结合畜牧业发展需求和大豆、花生、杂粮杂豆传统种植优势，以发展青贮玉米和粮豆轮作、花生、杂粮生产为主，同时积极发展饲草种植和饲料油菜；冀北、晋北和内蒙古中部以发展耐旱型杂粮杂豆、马铃薯、经济林果为主，陕甘农牧交错区以发展杂粮杂豆为主，因地制宜发展饲料油菜；在生态脆弱区，积极发展耐盐耐旱的沙生植物等。力争到 2020 年，调减籽粒玉米 3000 万亩以上。

（三）西北风沙干旱区

区域特点：该区地处西北内陆，位于昆仑山、阿尔金山、祁连山、白于山和大青山以北的广大地区，包括新疆、甘肃、宁夏、内蒙古等省（区）。属于干旱荒漠气候，干旱少雨，光热资源丰富，昼夜温差大，≥10℃积温在 2800 ~ 4400℃，无霜期 115 ~ 210 天，但水资源紧缺，绿洲沙化、盐碱化严重，牧区草原退化，农业生态系统脆弱。

主攻方向：充分利用丰富的光热资源，重点推广水肥一体化等高效节水措施。在河西走廊灌溉条件较好的地区，发展玉米等制种产业；在宁夏、内蒙古河套灌区，逐步调减高耗水的玉米种植，发展胡麻、油葵、饲料油菜等低耗水作物；在生态脆弱区，积极发展耐盐耐旱的饲油兼用油莎豆等沙生植物；在新疆地区发展青贮玉米和苜蓿生产，满足畜牧业发展对优质饲料的需求。力争到2020年，调减籽粒玉米500万亩。

（四）太行山沿线区

区域特点：该区位于五台山以南、伏牛山以北，包括山西东部和河北西部山区。气候温凉，自北向南从半干旱向半湿润气候过渡，年降水量500~650毫米，地势北高南低，海拔在800~1000米。以旱作农业为主，旱地占耕地面积的80%以上，土层浅薄，水土流失严重。农业基础条件差，灌溉设施不足，春旱伏旱发生频繁，玉米产量低而不稳。

主攻方向：大力发展耐旱的杂粮杂豆和生育期短的青贮玉米。发展沟域经济，促进板栗、核桃、山楂、蔬菜、中药材等特色种养业、农产品加工业和休闲服务业融合发展，提高农业生产效益。力争到2020年，调减籽粒玉米200万亩。

（五）西南石漠化区

区域特点：该区位于横断山脉以东、大瑶山以西，以云贵高原为主体，包括广西、云南、贵州等省（区）。属于温带和亚热带湿润、半湿润气候，水热条件较好，80%以上土地为丘陵山地和高原，海拔500~2500米，地势起伏大，农业立体性强。但光照条件较差，春旱、伏旱和秋旱常有发生；地形复杂，不利于农业规模化经营和机械化生产；岩溶发育广，石漠化严重，农业生态系统脆弱。

主攻方向：结合落实国家退耕还林还草政策，调减山坡地和缺少灌溉保障地区的玉米种植，积极发展杂粮杂豆、茶叶、核桃、油茶、中药材等，改良草山草坡，发展饲用麻、饲用桑、饲油兼用油莎豆和人工草地，支撑本地草食畜牧业发展。力争到2020年，调减籽粒玉米500万亩。

四、推进"镰刀弯"地区玉米结构调整的政策措施

"镰刀弯"地区玉米结构调整是一项系统工程，需要统筹协调、强化指导、加大力度、推进落实，调动各方面积极性，构建农业生产发展长效机制。

（一）加强顶层设计。"镰刀弯"地区玉米结构调整是一项长期的任务，必须统筹谋划，搞好规划引导，有力有序推进。所在省份农业部门应成立结构调整的组织领导机构，明确责任分工，加强协调指导，落实政策措施，特别是要结合本地实际，制定可行的结构调整方案，明确调整方向和重点，科学布局、合理规划，因地制宜推进结构调整。建立健全协作机制，定期开展工作交流，协调解决遇到的实际困难。

（二）强化政策扶持。 "镰刀弯"地区玉米结构调整涉及政府、农民、企业等多方面利益，需要加大政策扶持力度，支持地方政府主动推进结构调整，鼓励种养大户、农民合作社、龙头企业积极参与结构调整。**完善价格政策。** 加强与有关部门的沟通协调，完善玉米收储和大豆目标价格政策，稳定种植收益，调动农民生产积极性。**完善补贴政策。** 研究建立合理轮作体系的补助政策，实现种地养地结合。**完善金融政策。** 加强与各类金融机构的协作，积极创新农业金融产品和服务，引导和激励金融资金参与农业结构调整。通过建立信贷担保体系，支持新型农业经营主体开展"粮改饲"、发展现代草食畜牧业，促进农牧结合。同时，要加强主产区基础设施建设，保护核心产能。

（三）推进科技创新。 "镰刀弯"地区玉米结构调整需要科技创新，强化技术支撑。大力推进种业科技创新，根据玉米结构调整的需要，加快选育青贮玉米专用品种、高蛋白大豆品种，培育替代种植的高产优质的杂粮饲草等品种。大力推进技术集成创新，改进完善种植制度、栽培方式和配套机具，集成配套籽粒改青贮、玉米改饲草、玉米改杂粮、玉米改大豆等不同种植模式，筛选适宜粮豆轮作施用的除草剂等。

（四）加强示范引导。 "镰刀弯"地区跨度大、涉及作物多，需要加强服务指导和信息引导，保证玉米结构调整任务落实到位。各地要因地制宜制定玉米结构调整的技术方案，推介适销对路、高产优质的作物品种，引导玉米结构主动调优、积极调特、努力调深。结合开展绿色增产模式攻关，集成一套玉米结构调整的技术模式，着力打造一批增产增效、节本增效、提质增效的可持续发展示范区。大力推进农牧结合，加大"粮改饲"补助力度，扩大试点范围，以养定种、农牧结合，带动"镰刀弯"地区种植结构优化。

（五）促进产业经营。 "镰刀弯"地区玉米结构调整不仅是面积的调减，更是产业的升级。大力培育新型经营主体，重点是培育种养大户、家庭农场、农民合作社等，发挥其在规模化、标准化、机械化等方面的示范带动作用。大力扶持龙头企业，重点是培育一批实力强、信誉好、联系紧的农业产业化龙头企业，加快构建大型企业带动、中小企业拉动、新型经营主体联动的经营机制，推进订单生产、产销衔接、加工转化，助力结构调整和产业转型升级。尤其要扶持发展大型畜牧养殖、加工企业和饲草企业，带动"粮改饲"和农牧结合。

（六）**加强市场调控**。健全统计监测制度，加强对玉米生产、消费、进出口、储运等重点环节的监测，建立健全中长期玉米供求总量平衡机制、市场监测预警机制和信息会商机制，及时准确掌握玉米市场动态。加强市场调控，完善玉米储备调控体系，优化储备布局，建立吞吐轮换机制。加强进出口调控，根据国内外市场供求情况，把握好玉米进口的节奏和规模。加大对粮食走私的打击力度，保护国内玉米生产者的利益。加强舆论宣传，引导社会公众适当调整膳食结构，大力倡导科学用粮、节约用粮。

农业部

2015 年 11 月 2 日

附录2 全国种植业结构调整规划
(2016~2020年)

种植业是农业的重要基础，粮棉油糖菜是关系国计民生的重要产品。"十二五"时期，我国粮食连年增产，种植业持续稳定发展，为经济发展和改革大局提供了有力支撑。"十三五"时期是全面建成小康社会的决胜阶段，面临的形势更加复杂、发展的任务更加繁重。适应经济发展新常态，推进农业供给侧结构性改革，必须加快转变发展方式，调整优化种植结构，全面提高发展质量，全力保障国家粮食安全和重要农产品有效供给，特制定本规划。

本规划调整的主要作物为粮食、棉花、油料、糖料、蔬菜及饲草作物，规划期为2016~2020年。

一、种植业结构调整的必要性紧迫性

"十二五"以来，特别是党的十八大以来，中央高度重视"三农"工作，作出了一系列重大部署，出台了一系列强农惠农富农政策，有力促进了粮食和种植业持续稳定发展，取得了巨大成就。农业生产能力稳步提升。粮食产量连续五年超过5.5亿吨，连续三年超过6亿吨，综合生产能力超过5.5亿吨。同时，果菜茶等园艺作物稳定发展，棉油糖等工业原料作物单产水平进一步提高。已建成一批粮、棉、油、糖等重要农产品生产基地，"米袋子""菜篮子"的生产基础不断夯实。农业基础条件持续改善。农田有效灌溉面积达到9.86亿亩、占耕地总面积的54.7%，农田灌溉水有效利用系数达到0.52；新建一批旱涝保收的高标准农田，耕地质量有所改善。科技支撑水平显著增强。农业科技进步贡献率超过56%，主要农作物特别是粮食作物良种基本实现全覆盖；农机总动力达到11亿千瓦，主要农作物耕种收综合机械化率达到63%。生产集约程度不断提高。承包耕地流转面积达到4.03亿亩、占家庭承包经营耕地面积的30.4%；农民

专业合作社 128.88 万家，入社农户占全国农户总数的 36% 左右；主要农作物重大病虫害统防统治覆盖率达到 30%。主要产品优势带初步形成。小麦以黄淮海为重点，水稻以东北和长江流域为重点，玉米以东北和黄淮海为重点，大豆以东北北部和黄淮海南部为重点，棉花以新疆为重点，油菜以长江流域为重点，糖料以广西、云南为重点，形成了一批特色鲜明、布局集中的农产品优势产业带。

当前，我国农业发展环境正发生深刻变化，老问题不断积累、新矛盾不断涌现，面临不少困难和挑战。**一是品种结构不平衡。**小麦、稻谷口粮品种供求平衡，玉米出现阶段性供大于求，大豆供求缺口逐年扩大。棉花、油料、糖料等受资源约束和国际市场冲击，进口大幅增加，生产出现下滑。优质饲草短缺，进口逐年增加。**二是资源环境约束的压力越来越大。**工业化城镇化快速推进，还要占用一部分耕地，还要挤压一部分农业用水空间。耕地质量退化、华北地下水超采、南方地表水富营养化等问题突出，对农业生产的"硬约束"加剧，靠拼资源消耗、拼物质要素投入的粗放发展方式难以为继。**三是消费结构升级的要求越来越高。**经济的发展使城乡居民的支付能力和生活水平不断提高，消费者对农产品的需求由吃得饱转向吃得好、吃得安全、吃得健康，进入消费主导农业发展转型的新阶段。**四是产业融合的程度越来越深。**现代农业产业链条不断延伸，产业附加值不断提升，需要开发农业多种功能和多重价值，推进农牧结合，实现一二三产业融合发展。**五是国内外市场联动越来越紧。**经济全球化和贸易自由化深入发展，国内与国际市场深度融合，资源要素和产品加速流动，国内农产品竞争优势不足，进口压力加大。此外，受全球气候变暖影响，高温、干旱、洪涝等极端天气频发重发，病虫害发生呈加重趋势，对农业生产安全带来威胁。

新形势下，农业的主要矛盾已由总量不足转变为结构性矛盾，推进农业供给侧结构性改革，加快转变农业发展方式，是当前和今后一个时期农业农村经济的重要任务。这些重大部署和要求，给种植业结构调整带来难得的机遇。**一是有发展新理念的引领。**"创新、协调、绿色、开放、共享"五大发展新理念，为调整优化种植结构提供了基本的遵循。**二是有巨大市场消费的拉动。**还有五年的时间就实现第一个百年奋斗目标，加之工业化、城镇化快速推进，进入消费需求持续增长、消费结构加快升级、消费拉动经济作用明显增强的重要阶段，蕴藏着巨大的市场空间，外在动力持续增强。**三是有科技创新加速的支撑。**以生物、信息、新材料、新能源技术为中心的新一轮科技革命和产业变革正蓄势待发，物联网、智能装备、DNA生物记忆卡等一批新技术不断涌现，国家科技创新驱动战略和"大众创业、万众创新"的深入实施，智慧农业、生态农业等新业态应运而生，内在动力持续增强。**四是有农村改革的深入推进。**农村集体产权制度改革，改革完善粮食等农产品价格形成机制和收储制度，健全农业农村投入持续增长机制，推动金融资源更多向农村倾斜，将进一步释放改革红利。**五是有国际国内的深度融合。**我国已深度融入全球化格局中，"一带一路"战略的加快实施，统筹国际国内两个市场、两种资源，为调整优化种植结构拓展了空间。

面对新形势、应对新挑战，必须主动作为、顺势而为，加快转变农业发展方式，推进种植业结构调整，提升质量效益和竞争力，保障国家粮食安全，促进种植业可持续发展。

二、种植业结构调整的思路、原则和目标任务

（一）总体思路

全面贯彻党的十八大和十八届三中、四中、五中全会精神，深入贯彻习近平总书记系列重要讲话精神，以发展新理念为统领，实施新形势下国家粮食安全战略和藏粮于地、藏粮于技战略，坚持市场导向、科技支撑、生态优先，转变发展方式，加快转型升级，巩固提升粮食产能，推进种植业结构调整，优化品种结构和区域布局，构建粮经饲统筹、农牧结合、种养加一体、一二三产业融合发展的格局，走产出高效、产品安全、资源节约、环境友好的农业现代化道路。

（二）基本原则

1. 坚持底线思维，确保粮食安全。种植业结构调整要立足我国国情和粮情，集中力量把最基本、最重要的保住，守住"谷物基本自给、口粮绝对安全"的战略底线。加强粮食主产区建设，建立粮食生产功能区和重要农产品生产保护区，巩固提升粮食产能。

2. 坚持市场导向，推进产业融合。发挥市场配置资源决定性作用，引导农民安排好生产和种植结构。以关联产业升级转型为契机，推进农牧结合，发展农产品加工业，扩展农业多功能，实现一二三产业融合发展，提升农业效益。

3. 坚持突出重点，做到有保有压。 根据资源禀赋及区域差异，做到保压有序、取舍有度。优化品种结构，重点是保口粮、保谷物，兼顾棉油糖菜等生产，发展适销对路的优质品种。优化区域布局，发挥比较优势，巩固提升优势区，适当调减非优势区。优化作物结构，建立粮经饲三元结构。

4. 坚持创新驱动，注重提质增效。 推进科技创新，强化农业科技基础条件和装备保障能力建设，提升种植业结构调整的科技水平。推进机制创新，培育新型农业经营主体和新型农业服务主体，发展适度规模经营，提升集约化水平和组织化程度。

5. 坚持生态保护，促进持续发展。 树立尊重自然、顺应自然、保护自然的理念，节约和高效利用农业资源，推进化肥农药减量增效，建立耕地轮作制度，实现用地养地结合，促进资源永续利用、生产生态协调发展。

6. 坚持着眼全球，统筹两个市场。 在保障国家粮食安全底线的前提下，充分利用国际农业资源和产品市场，保持部分短缺品种的适度进口，满足国内市场需求。引导国内企业参与国际产能合作，在国际市场配置资源、布局产业，提升我国农业国际竞争力和全球影响力。

（三）发展目标

种植业结构调整的目标，主要是"两保、三稳、两协调"。

"两保"，即保口粮、保谷物。到 2020 年，粮食面积稳定在 16.5 亿亩左右，其中稻谷、小麦口粮品种面积稳定在 8 亿亩，谷物面积稳定在 14 亿亩。

"三稳"，即稳定棉花、食用植物油、食糖自给水平。到 2020 年，力争棉花面积稳定在 5000 万亩左右，油料面积稳定在 2 亿亩左右，糖料面积稳定在 2400 万亩左右。

"两协调"，即蔬菜生产与需求协调发展、饲草生产与畜牧养殖协调发展。到 2020 年，蔬菜面积稳定在 3.2 亿亩左右，饲草面积达到 9500 万亩。

（四）调整任务

1. 构建粮经饲协调发展的作物结构。 适应农业发展的新趋势，建立粮食作物、经济作物、饲草作物三元结构。**粮食作物：** 加强粮食主产区建设，建设一批高产稳产的粮食生产功能区，强化基础设施建设，提升科技和物质装备水平，不断夯实粮食产能。**经济作物：** 稳定棉花、油料、糖料作物种植面积，建设一批稳定的商品生产基地。稳定蔬菜面积，发展设施生产，实现均衡供应。**饲草作物：** 按照以养带种、以种促养的原则，积极发展优质饲草作物。

2. 构建适应市场需求的品种结构。 消费结构升级，需要农业提供数量充足、品质优良的产品。**发展优质农产品，** 优先发展优质稻米、强筋弱筋小麦、"双低"油菜、高蛋白大豆、高油花生、高产高糖甘蔗等优质农产品。**发展专用农产品，** 积极发展甜糯玉米、加工型早籼稻、高赖氨酸玉米、高油玉米、高淀粉马铃薯等加工型专用品种，发展生物产量高、蛋白质含量高、粗纤维含量低的苜蓿和青贮玉米。**发展特色农产品，** 因地制宜发展传承农耕文明、保护特色种质资源的水稻，有区域特色的杂粮杂豆，风味独特的小宗油料，有地理标识的农产品。培育知名品牌，扩大市场影响，为消费者提供营养健康、质量安全的放心农产品。

3. 构建生产生态协调的区域结构。 综合考虑资源承载能力、环境容量、生态类型和发展基础等因素，确定不同区域的发展方向和重点，分类施策、梯次推进，构建科学合理、专业化的生产格局。**提升主产区，** 重点是发展东北平原、黄淮海地区、长江中下游平原等粮油优势产区，新疆内陆棉区，桂滇粤甘蔗优势区，发展南菜北运基地和北方设施蔬菜，加强基础设施建设，稳步提升产能。**建立功能区，** 优先将水土资源匹配较好、相对集中连片的小麦、水稻田划定为粮食生产功能区，特别是将非主产区的杭嘉湖平原、关中平原、河西走廊、河套灌区、西南多熟区等区域划定为粮食生产功能区。**建立保护区，** 加快将资源优势突出、区域特色明显的重要农产品优先列入保护区，重点是发展东北大豆、长江流域"双低"油菜、新疆棉花、广西"双高"甘蔗等重要产品保护区。

4. 构建用地养地结合的耕作制度。 根据不同区域的资源条件和生态特点，建立耕地轮作制度，促进可持续发展。**东北冷凉区，** 实行玉米大豆轮作、玉米苜蓿轮作、小麦大豆轮作等生态友好型耕作制度，发挥生物固氮和养地肥田作用。**北方农牧交错区**，重点发展节水、耐旱、抗逆性强等作物和牧草，防止水土流失，实现生态恢复与生产发展共赢。**西北风沙干旱区**，依据降水和灌溉条件，以水定种，改种耗水少的杂粮杂豆和耐旱牧草，提高水资源利用率。**南方多熟地区**，发展禾本科与豆科、高秆与矮秆、水田与旱田等多种形式的间作、套种模式，有效利用光温资源，实现永续发展。此外，以保障国家粮食安全和农民种植收入基本稳定为前提，在地下水漏斗区、重金属污染区、生态严重退化地区开展休耕试点。禁止弃耕、严禁废耕，鼓励农民对休耕地采取保护措施。

三、品种结构与区域布局

（一）品种结构调整重点

1. 粮食。守住"谷物基本自给、口粮绝对安全"的底线，坚持有保有压，排出优先序，重点是保口粮、保谷物，口粮重点发展水稻和小麦生产，优化玉米结构，因地制宜发展食用大豆、薯类和杂粮杂豆。

——水稻：稳面积与提品质并举，杂交稻与常规稻并重。

稳面积与提品质并举。巩固北方粳稻产区，稳定南方双季稻生产，扩大优质稻种植面积，促进提质增效。到2020年，水稻面积稳定在4.5亿亩，优质稻比例达到80%。

杂交稻与常规稻并重。发挥我国杂交水稻育种技术优势，加快选育高产优质高抗杂交稻新品种，稳定杂交稻面积，促进单产提高、品质提升。利用现代育种技术，加快常规稻品种提纯复壮，降低用种成本，发挥常规稻品质优势，提升种植效益。

——小麦：稳定冬小麦、恢复春小麦，抓两头、带中间。

稳定冬小麦、恢复春小麦。稳定黄淮海、长江中下游等主产区冬小麦。结合建立合理轮作体系，在东北冷凉地区、内蒙古河套地区、新疆天山北部地区等，适当恢复春小麦。到2020年，小麦面积稳定在3.6亿亩左右，其中冬小麦稳定在3.3亿亩。

抓两头、带中间。"抓两头"，大力发展市场紧缺的用于加工面包的优质强筋小麦和加工饼干蛋糕的优质弱筋小麦。"带中间"，带动用于加工馒头、面条的中筋或中强筋小麦品质提升。

——玉米：调减籽粒玉米，扩大青贮玉米，适当发展鲜食玉米。

调减籽粒玉米。巩固提升玉米优势区，适当调减非优势区，重点是调减东北冷凉区、北方农牧交错区、西北风沙干旱区春玉米，以及黄淮海地区低产的夏玉米面积，大力推广适合籽粒机收品种，推进全程机械化生产。到2020年，玉米面积稳定在5亿亩左右，重点是调减"镰刀弯"地区玉米面积5000多万亩。

扩大青贮玉米。根据以养带种、以种促养的要求，因地制宜发展青贮玉米，提供优质饲料来源，就地过腹转化增值。到2020年，青贮玉米面积达到2500万亩。

适当发展鲜食玉米。适应居民消费升级的需要，扩大鲜食玉米种植，为居民提供营养健康的膳食纤维和果蔬。到2020年，鲜食玉米面积达到1500万亩。

——大豆：粮豆轮作、恢复面积，改善品质、提高效益。

粮豆轮作、恢复面积。因地制宜开展粮豆轮作，在东北地区推广玉米大豆轮作模式，在黄淮海地区推广玉米大豆轮作、麦豆一年两熟或玉米大豆间套作，适当恢复大豆种植面积。到2020年，大豆面积达到1.4亿亩、增加4000万亩左右。

改善品质、提高效益。根据我国居民的饮食习惯和大豆市场供求现状，东北地区扩大优质食用大豆面积，稳定油用大豆面积。黄淮海地区以优质高蛋白食用大豆为重点，适当恢复面积。加快科技创新、加大政策扶持，推进经营体制创新，实现增产增效、节本增效、提质增效。实现国产大豆与国外高油大豆的错位竞争，满足国民对健康植物蛋白的消费需求。

——薯类杂粮：扩大面积、优化结构，加工转化、提质增效。

扩大面积、优化结构。适当调减"镰刀弯"地区玉米面积，改种耐旱耐瘠薄的薯类、杂粮杂豆，满足市场需求，保护生态环境。到2020年，薯类杂粮种植面积达到2.3亿亩左右。

加工转化、提质增效。按照"营养指导消费、消费引导生产"的要求，开发薯类杂粮营养健康、药食同源的多功能性，广泛应用于主食产品开发、酿酒酿造、营养保健、精深加工等领域，推进规模种植和产销衔接，实现加工转化增值，带动农民增产增收。

2. 棉花。稳定面积、双提增效。

稳定面积。受种植效益下降等因素影响，棉花生产向优势区域集中、向盐碱滩涂地和沙性旱地集中、向高效种植模式区集中，在已有的西北内陆棉区、黄河流域棉区、长江流域棉区"三足鼎立"的格局下，提升新疆棉区，巩固沿海沿江沿黄环湖盐碱滩涂棉区。到2020年，棉花面积稳定在5000万亩左右，其中新疆棉花面积稳定在2500万亩左右。

双提增效。着力提高单产、提升品质、增加效益。加快选育耐盐碱、抗性强、宜机收的高产棉花品种，集成配套棉花生产机械移栽收获等技术。同时，解决棉花"三丝"等异性纤维，以及机收杂质、纤维长度和强度降低等品质问题，实现增产增效、节本增效、提质增效。

3. 油料。两油为主，多油并举。

两油为主。重点发展油菜和花生生产。稳定长江流域油菜、花生面积和黄淮海花生面积，因地制宜扩大东北农牧交错区花生面积。到2020年，油菜面积稳定在1亿亩左右，花生面积稳定在7000万亩左右。

多油并举。因地制宜发展耐旱耐盐碱耐瘠薄的油葵、芝麻、胡麻等小宗油料作物，积极发展高油玉米。在适宜地区示范推广油用牡丹、油莎豆等，增加新油源。充分利用棉籽、米糠等原料，开发食用植物油。

4. 糖料。稳定面积、双提双增。

稳定面积。通过完善甘蔗价格形成机制，集成配套以机械收割等为主的节本增效技术，调动农民种植甘蔗积极性。重点是稳定广西、云南等优势产区，适当调减不具备比较优势的甘蔗产区。到2020年，糖料面积稳定在2400万亩左右，其中甘蔗面积稳定在2100万亩左右。

双提双增。着力提高单产、提高含糖率，增加产量、增加效益。加快选育高产高糖抗逆及适宜机械收割的新品种，大力推广甘蔗脱毒健康种苗，集成配套轻简高效栽培技术模式，提高单产、提高品质、增加效益。

5. 蔬菜。稳定面积、保质增效、均衡供应。

稳定面积。统筹蔬菜优势产区和大中城市"菜园子"生产，巩固提升北方设施蔬菜生产，稳定蔬菜种植面积。到2020年，蔬菜面积稳定在3.2亿亩左右，其中设施蔬菜达到6300万亩。

保质增效。重点是推广节水环保和绿色防控等技术，建立系统完整的从田间到餐桌产品质量追溯体系，确保蔬菜产品质量安全。提升设施农业的防护能力，推广肥水一体和小型作业机械，因地制宜推广智能监控和"互联网＋"等现代技术，实现增产增效、节本增效。

均衡供应。统筹南菜北运蔬菜基地和北方设施蔬菜生产，发展春提早和秋延后以及越冬蔬菜生产。完善流通设施，加强产地冷链建设，着力解决蔬菜供应时空分布不均的矛盾，实现周年均衡供应。

6. 饲草作物。以养带种、多元发展。

以养带种。根据养殖生产的布局和规模，因地制宜发展青贮玉米等优质饲草饲料，逐步建立粮经饲三元结构。到2020年，青贮玉米面积达到2500万亩，苜蓿面积达到3500万亩。

多元发展。北方地区重点发展优质苜蓿、青贮玉米、饲用燕麦等饲草，南方地区重点发展黑麦草、三叶草、狼尾草、饲用油菜、饲用苎麻、饲用桑叶等。

（二）区域布局调整重点

综合考虑自然生态条件、生产发展现状、结构调整潜力，明确六大区域的调整重点和方向。

1. 东北地区

——区域特点。本区地域辽阔，耕地面积大。松嫩平原、三江平原和辽河平原位于本区核心位置，耕地肥沃且集中连片，适宜农业机械耕作。雨量充沛，年降水量500～700毫米，无霜期80～180天，初霜日在9月上、中旬，≥10℃积温1300～3700℃，日照时数2300～3000小时，雨热同季，适宜农作物生长，是我国条件最好的一熟制作物种植区和商品粮生产基地。区内光温水热条件可以满足春小麦、玉米、大豆、粳稻、马铃薯、花生、向日葵、甜菜、杂粮、杂豆及温带瓜果蔬菜的种植需要。进入21世纪以来，本区种植业生产专业化程度迅速提高，成为我国重要的玉米和粳稻集中产区。与此同时，其他作物的面积不断减少，尤其是传统优势作物大豆的种植面积不断缩减。由于气候和品种原因，本区粮食生产在一定程度上存在专用品种少、市场竞争力不强的现象。

——调整方向：突出"稳、减、扩、建"四字要领，即稳定水稻面积，调减玉米面积，扩种大豆、杂粮、薯类和饲草作物，构建合理轮作制度。

稳定水稻面积。稳定三江平原、松嫩平原等优势产区的水稻面积。加快大中型灌区续建配套和节水改造,特别是加大"两江一湖"(黑龙江、乌苏里江、兴凯湖)水利工程建设力度,改进水稻灌溉方式,扩大自流灌溉面积,减少井灌面积,控制地下水开采。到2020年,东北地区水稻自流灌溉面积比例达到2/3左右。

调减玉米面积。调减黑龙江北部、内蒙古呼伦贝尔等第四、五积温带,以及农牧交错带的玉米种植面积。到2020年,调减籽粒玉米面积3000万亩以上。

扩种大豆杂粮薯类和饲草作物。调减的玉米面积改种大豆、春小麦、杂粮杂豆及青贮玉米等作物。其中,2020年大豆面积达到8100万亩,青贮玉米面积达到1000万亩。

构建合理轮作制度。在黑龙江、内蒙古第四、五积温带推行玉米大豆、小麦大豆、马铃薯大豆轮作,在黑龙江南部、吉林和辽宁东部地区推行玉米大豆轮作,在东北的农牧交错区推行"525轮作"(即5年苜蓿、2年玉米、5年苜蓿),在大兴安岭沿麓地区推行小麦油菜轮作,实现用地养地相结合,逐步建立合理的轮作体系。

此外,该区域要在大中城市因地制宜发展日光温室大棚等设施蔬菜,提高冬春淡季蔬菜自给率。

2. 黄淮海地区

——区域特点。本区位于秦岭—淮河线以北、长城以南的广大区域,属温带大陆季风气候,农业生产条件较好,土地平整,光热资源丰富。年降水量500~800毫米,≥10℃积温4000~4500℃,无霜期175~220天,日照时数2200~2800小时,可以两年三熟到一年两熟,是我国冬小麦、玉米、花生和大豆的优势产区和传统棉区,是应季蔬菜和设施蔬菜的重要产区。水资源不足、地下水超采、耕地数量和质量下降是本区农业生产的主要限制因素。北京、天津两大直辖市位于本区,京津冀协同发展对本区农业生产结构有着特殊要求。

——调整方向:稳字为重,压保并进,粮经饲统筹。

稳字为重。本区是我国重要的粮棉油菜饲生产基地,形成了一套成熟的耕作制度和种植模式。重点是稳定小麦面积，完善小麦/玉米、小麦/大豆（花生）一年两熟种植模式，搞好茬口衔接，大力发展优质强筋小麦。稳定蔬菜面积，扩大青贮玉米面积。到2020年，小麦面积稳定在2.4亿亩，玉米面积稳定在1.6亿亩，蔬菜面积稳定在1亿亩。

压保并进。在稳步提升粮食产能的前提下，适度调减华北地下水严重超采区小麦种植面积，改种耐旱耐盐碱的棉花和油葵等作物，扩种马铃薯、苜蓿等耐旱作物。保持滨海盐碱地、滩涂地棉花面积稳定。

粮经饲统筹。统筹粮棉油菜饲生产，适当扩种花生、大豆、饲草。到2020年，花生面积稳定在3700万亩以上，大豆面积达到4000万亩，苜蓿面积达到500万亩。

3. 长江中下游地区

——区域特点。本区属亚热带季风气候，水热资源丰富，河网密布，水系发达，是我国传统的鱼米之乡。年降水量800～1600毫米，无霜期210～300天，≥10℃积温4500～5600℃，日照时数2000～2300小时，耕作制度以一年两熟或三熟为主，大部分地区可以发展双季稻，实施一年三熟制。耕地以水田为主，占耕地总面积的60%左右。种植业以水稻、小麦、油菜、棉花等作物为主，是我国重要的粮、棉、油生产基地。本区是我国稻麦两熟的主产区，粳稻与小麦两熟季节紧，上下茬之间如何协调以实现周年高产是当前的主要问题。

——调整方向："两稳一提"，即稳定双季稻面积，稳定油菜面积，提升品质。

稳定双季稻面积。推广水稻集中育秧和机插秧，提高秧苗素质，减轻劳动强度，保持双季稻面积稳定。规范直播稻发展，减少除草剂使用，规避倒春寒、寒露风等灾害，修复稻田生态，因地制宜发展再生稻。到2020年，双季稻面积稳定在1.1亿亩。

稳定油菜面积。加快选育推广生育期短、宜机收的油菜品种，做好茬口衔接。开发利用冬闲田，扩大油菜种植。加快选育不同用途的油菜品种，积极拓展菜用、花用、肥用、饲用等多种功能。到2020年，油菜面积稳定在6000万亩。

提升品质。选育推广生育期适中、产量高、品质好的优质籼稻和粳稻品种，组装配套技术模式，合理安排茬口。选育推广高产优质的弱筋小麦专用品种，集成配套高产高效技术模式，因地制宜扩种优质弱筋小麦，增加市场供应。推广"双低"油菜，提高油菜籽品质。

此外，开发利用沿海沿江环湖盐碱滩涂资源种植棉花，开发冬闲田扩种黑麦草等饲草作物。

4. 华南地区

——**区域特点**。本区大部分属于南亚热带湿润气候，是我国水热资源最丰富的地区，年降水量 1300～2000 毫米，无霜期 235～340 天，≥10℃积温 6500～9300℃，日照时数 1500～2600 小时。南部属热带气候，终年无霜，可一年三熟。本区人口密集，人均耕地少。耕地以水田为主；地形复杂多样，河谷、平原、山间盆地、中低山交错分布，是我国重要的热带水果、甘蔗和反季节蔬菜产区，产品销往港澳地区。传统粮食作物以水稻为主，兼有鲜食玉米，近年马铃薯发展较快。油料作物以花生为主。

——**调整方向**："两稳一扩"，即稳定水稻面积、稳定糖料面积、扩大冬种面积。

稳定水稻面积。稳定双季稻面积，集成推广集中育秧、机插秧及抛秧等关键技术，提高生产组织化程度；选育推广优质籼稻，着力改善稻米品质，推进稻米加工转化，提高市场竞争能力。因地制宜发展再生稻。到2020 年，水稻面积稳定在 7500 万亩。

稳定糖料面积。推广应用脱毒健康种苗，加强"双高"蔗田基础设施建设，推动生产规模化、专业化、集约化，加快机械收获步伐，大力推广秋冬植蔗，深挖节本增效潜力，促进稳定发展。

扩大冬种面积。充分利用冬季光温资源，开发冬闲田，扩大冬种马铃薯、玉米、蚕豌豆、绿肥和饲草作物等，加强南菜北运基地基础设施建设，实现错季上市、均衡供应，增加农民收入。

5. 西南地区

——**区域特点**。本区地处我国长江、珠江等大江大河的上游生态屏障地区，地形复杂，山地、丘陵、盆地交错分布，垂直气候特征明显，生态类型多样，冬季温和，生长季长，雨热同季，适宜多种作物生长，有利于生态农业、立体农业的发展。年降水量 800～1600 毫米，无霜期 210～340

天，≥10℃积温 3500～6500℃，日照时数 1200～2600 小时，主要种植玉米、水稻、小麦、大豆、马铃薯、甘薯、油菜、甘蔗、烟叶、苎麻等作物，是我国重要的蔬菜和中药材生产区域。本区主要制约因素是土地细碎，人地矛盾紧张，石漠化、水土流失、季节性干旱等问题突出，坡耕地比重大，不利于机械作业。

——调整方向：稳粮扩经、增饲促牧，间套复种、增产增收。

稳粮扩经、增饲促牧。因地制宜推广轻简栽培及小型机具，稳定水稻、小麦生产，发展再生稻，稳定藏区青稞面积，扩种马铃薯和杂粮杂豆。推广油菜育苗移栽和机械直播等技术，扩大优质油菜生产。对坡度 25°以上的耕地实行退耕还林还草，调减云贵高原非优势区玉米面积，改种优质饲草，发展草食畜牧业。到 2020 年，水稻面积稳定在 6700 万亩，小麦面积稳定在 2900 万亩，玉米面积稳定在 5500 万亩，油菜面积达到 3300 万亩。

间套复种、增产增收。发挥光温资源丰富、生产类型多样、种植模式灵活的优势，推广玉米/大豆、玉米/马铃薯、玉米/红薯间套作等生态型复合种植，合理利用耕地资源，提高土地产出率，实现增产增收。

6. 西北地区

——**区域特点。**本区大部位于我国干旱、半干旱地带，土地广袤，光热资源丰富，耕地充足，人口稀少，增产潜力较大。但干旱少雨，水土流失和土壤沙化现象严重。年降水量小于 400 毫米，无霜期 100～250 天，初霜日在 10 月底，≥10℃积温 2000～4500℃，日照时数 2600～3400 小时。农业生产方式包括雨养农业、灌溉农业和绿洲农业，是我国传统的春小麦、马铃薯、杂粮、春油菜、甜菜、向日葵、温带水果产区，是重要的优质棉花产区。

——调整方向：稳夏优秋、稳棉保供、特色增效。

稳夏优秋。以推广覆膜技术为载体，顺应天时、趋利避害，稳定小麦等夏熟作物，积极发展马铃薯、春小麦、杂粮杂豆，因地制宜发展青贮玉米、苜蓿、饲用油菜、饲用燕麦等饲草作物。

稳棉保供。推进棉花规模化种植、标准化生产、机械化作业，提高生产水平和效率。发挥新疆光热和土地资源优势，推广膜下滴灌、水肥一体等节本增效技术，积极推进棉花机械采收，稳定棉花种植面积，保证国内用棉需要。到 2020 年，棉花面积稳定在 2500 万亩以上。

特色增效。积极发展特色杂粮杂豆，扩种特色油料，增加市场供应，促进农民增收。充分利用西北地区光热资源优势，加强玉米、蔬菜、脱毒马铃薯、苜蓿等制种基地建设，满足生产用种需要。

四、推进种植业结构调整的政策措施

种植业结构调整是一项系统工程，需要加强顶层设计，搞好规划指导，构建上下联动、协同推进的工作机制。同时，要强化项目支撑和政策扶持，调动地方政府和农民群众的积极性。

（一）完善农产品价格政策。统筹考虑水稻、小麦、玉米、大豆、油料、棉花等作物的比较效益，健全完善主要农产品价格形成机制，释放价格信号，引导农民按照市场需求调整优化种植结构。坚持实施稻谷、小麦最低收购价政策，保持价格基本稳定。完善玉米收储政策，玉米价格要反映市场供求关系，调节生产与需求，落实好玉米生产补贴，保持优势区玉米种植收益基本稳定。合理确定大豆目标价格水平，改进补贴方式，提早公布年度目标价格。完善油菜籽、食糖收储和棉花目标价格政策。

（二）建立合理轮作补助政策。整合项目资金，加大补助力度，支持各地因地制宜推行耕地轮作模式，逐步建立粮豆轮作、粮经轮作、粮饲轮作等耕地轮作制度，促进农业可持续发展。扩大粮改饲试点范围，以养带种，农牧结合，促进饲草生产与畜牧养殖协调发展。此外，在地下水漏斗区、重金属污染区和生态严重退化地区开展耕地休耕制度试点，合理确定补助标准。

（三）加强高标准农田建设。实施"藏粮于地"战略，加快实施《全国高标准农田建设总体规划》《全国新增千亿斤粮食生产能力规划》，加大资金投入，加快建设集中连片、旱涝保收、稳产高产、生态友好的高标准农田，优先建设口粮田。强化耕地质量保护与提升，开展土壤改良、地力培肥和养分平衡，防止耕地退化，提高地力水平。抓好东北黑土地退化区、南方土壤酸化区、北方土壤盐渍化区综合治理，保护和提升耕地质量。

（四）推进农业科技创新。实施"藏粮于技"战略，加强农业关键共性技术研究，在节本降耗、节水灌溉、农机装备、绿色投入品、重大生物灾害防治、秸秆综合利用等方面取得一批重大实用技术成果。推进种业科技创新，深入推进种业科研成果权益分配改革，探索科研成果权益分享、转移转化和科研人员分类管理机制。全面推进良种重大科研联合攻关，创新育种方法和技术，改良育种材料，加快培育和推广一批高产优质多抗适宜机收的突破性新品种，加快主要粮食作物新一轮品种更新换代。加大现代种业提升工程实施力度，改善种业育种创新装备条件。推进技术集成创新，深入开展绿色高产高效创建和模式攻关，集成组装一批高产高效、资源节约、生态环保的技术模式，示范带动均衡增产和可持续发展。

（五）提升农机装备水平。发挥农业机械在结构调整中集成技术、节本增效、推动规模经营的重要作用。开展新型高效农业机械研发，推广一批适宜不同区域、不同作物、不同环节的新机具。促进农机农艺融合，着力解决水稻机插和玉米、油菜、甘蔗、棉花、花生、马铃薯等机播机收突出问题，加大蔬菜、饲草生产机械装备研发和示范应用，提高生产机械化水平。推进主要农作物生产全程机械化，探索总结全程机械化的技术路径、技术模式、机具配套、操作规程及服务方式。

（六）完善金融保险政策。加大金融保险对种植业结构调整的支持力度。发挥财政投入的杠杆作用，通过补贴、贴息等方式，撬动金融资本、社会资本进入，形成多方投入的机制。加快建立农业信贷担保体系，解决新型经营主体融资难问题。扩大农业政策性保险覆盖面，稳步提高保障水平。探索开展农产品价格保险试点。

（七）加大生态保护力度。打好农业面源污染攻坚战，努力实现"一控两减三基本"的目标。推进农业节水增效，发展旱作农业、节水农业和雨养农业，重点推广水肥一体化技术，提高水资源和肥料利用率。推进化肥农药减量增效，推广精准施肥施药技术和高效施肥施药机械，推广有机肥替代化肥、高效低毒低残留及生物农药替代高毒高残留农药等技术。推进测土配方施肥和病虫害统防统治，提高化肥、农药利用率。推进农业废弃物资源化利用，建立农业废弃物肥料化、饲料化、能源化、基料化、原料化"五化"综合利用体系。开展地膜总量和区域控制及区域性残膜回收利用示范，创新地膜回收与再利用机制。

（八）**强化农产品市场调控**。加强对主要农产品生产、消费、进出口、储运等重点环节的监测，建立健全中长期供求总量平衡机制、市场监测预警机制、信息会商机制和信息发布机制。完善主要农产品储备调控体系，优化储备布局，建立吞吐轮换机制。加强进出口调控，根据国内外市场供求情况，把握好农产品进口节奏、规模、时机。统筹谋划农产品进出口，科学确定优势的出口产品和紧缺的进口产品，合理布局国际产能，建立海外稳定的重要农产品原料生产基地，增强国际市场话语权。

农业部

2016 年 4 月 11 日

附录3 2016年全国杂粮生产指导意见

杂粮是种植业调结构、转方式的重要替代作物,是改善膳食结构、促进营养健康的重要口粮品种,也是老少边穷地区促进扶贫开发、提高农民收益的重要经济作物。为充分发挥杂粮在"镰刀弯"地区玉米结构调整、轮作倒茬、土壤培肥等方面的优势,有效利用南方冬季光热资源,推进稳粮增收、提质增效和可持续发展,依据自然生态条件和生产特点,特制定2016年全国杂粮生产指导意见。

一、东北杂粮区

（一）**区域范围**。本区主要分布在黑龙江、吉林、辽宁三省和内蒙古东部,包括黑龙江黑河、齐齐哈尔、绥化、牡丹江,吉林省白城、松原、敦化,辽宁朝阳、锦州、阜新和内蒙古赤峰、通辽、呼伦贝尔与兴安盟等地。

（二）**自然条件**。本区地处大兴安岭东坡、小兴安岭西坡和长白山西北坡,纬度高,冬季严寒,夏季短促,无霜期最少,仅90多天,昼夜温差较大,大部分地区年降水量500毫米以上,是传统的杂粮种植区。

（三）**生产情况**。本区是我国粮食主产区,农业生产条件良好,地势平缓,生产规模大,产量水平高,适于大型机械作业。本区为杂粮春播区,一年一熟,一般每年3月上旬开始播种,机械化生产程度较高。高粱、谷子、糜子、芸豆、绿豆、小豆曾是本区域的传统粮食作物,但由于玉米等大宗粮食作物发展,20世纪60年代以来,成为少数地区种植的搭配作物。近年来,在种植大户规模化种植推动下,谷子、高粱、大麦、糜子、芸豆、绿豆等杂粮面积呈上升趋势,机械化生产水平不断提高。

（四）**发展对策**。该区地跨东北冷凉区和农牧交错区,重点是要促进玉米结构调整和满足畜牧业对优质饲料的需求。该区要积极发展杂粮生产,推进轮作倒茬,发展全程机械化生产。

重点作物。内蒙古呼伦贝尔,黑龙江黑河、齐齐哈尔等高纬度地区,适度发展芸豆、绿豆等适于机械化作业的食用豆类,适当扩种大麦、糜子、谷子、高粱种植,建立土地种养轮作种植体系。内蒙古赤峰、通辽、兴安盟,吉林白城、松原,辽宁朝阳、阜新、锦州,充分发挥传统种植优势,适度发展谷子、高粱、糜子、绿豆、小豆等种植,适当发展适宜于机械化收获的豌豆种植。内蒙古赤峰、通辽是全国荞麦优势主产区,根据市场需求和轮作需要适度恢复荞麦生产规模。

关键技术。示范推广种子包衣、配方施肥、糜子(谷子)精量沟播、芸豆高台大垄密植、绿豆(小豆)垄作双行精量播种、荞麦大垄双行沟播、高粱垄作密植机械化栽培和垄作轻简高效栽培等技术。

耕作模式。主要有谷类(谷子/糜子/大麦/荞麦/高粱)—豆类(芸豆/绿豆/小豆)—马铃薯轮作,谷类—油料轮作以及深松垄作、沟垄和免耕栽培等模式。

二、华北杂粮区

(一)区域范围。本区主要分布在山西、河北两省和内蒙古中部,包括内蒙古锡林郭勒、乌兰察布、呼和浩特、包头、鄂尔多斯、巴彦淖尔等地,河北张家口、承德和山西大同、朔州、忻州、吕梁及两省太行山区。

(二)自然条件。本区地处内蒙古高原南部、黄土高原东部,自北向南从半干旱向半湿润气候过渡。北部属于温带大陆性气候,土壤贫瘠,降水量300毫米以上,灾害种类多,发生频繁,昼夜温差大,其中干旱、霜冻发生概率大、影响范围广、危害程度重。南部地势北高南低,海拔在800米以上,气候温凉,年降水量500~650毫米。

(三)生产情况。本区生产条件较差,土地不平整,土层浅薄,水土流失严重。本区为杂粮春播区,一年一熟,一般每年3月中下旬开始播种,大部分作物为传统种植方式。谷子、糜子、高粱、荞麦、燕麦、绿豆、芸豆、小豆等抗旱、耐瘠薄,曾是本区的主要粮食作物,生产优势明显,呈区域性分布,但近30年来种植面积下降幅度较大。随着机械化精量播种技术、覆膜穴播技术和膜下滴灌技术推广,中小型机械化作业稳步推进。

(四)发展对策。太行山区是玉米结构调整的重点区域,也是杂粮传统产区,要适当恢复杂粮生产,促进结构调整,提高防灾减灾能力。

重点作物。根据无霜期长短选择适宜种植的杂粮种类和品种，适度发展谷子、糜子、荞麦、高粱、燕麦等生育期短、耐旱、耐瘠薄等杂粮种植，恢复豌豆、蚕豆、芸豆、绿豆、小豆等豆科作物种植面积。

关键技术。示范推广种子包衣、化肥减量增效、病虫害绿色防控以及谷子轻简高效、高粱宽行高密轻简栽培、燕麦"一早三改"高产栽培等技术。

耕作模式。主要有谷类（糜子/谷子/燕麦/荞麦）—豆类（芸豆/绿豆/小豆/豌豆）进行轮作，绿豆、小豆与玉米间作，免耕栽培、覆盖节水栽培等模式。

三、西北杂粮区

（一）**区域范围**。本区主要分布在陕西、甘肃、宁夏及青海海东地区，包括陕西榆林、延安及关中渭北，宁夏固原、吴忠、中卫，甘肃武威、白银、兰州、定西、天水、平凉、庆阳、临夏和陇南，青海海东等地。

（二）**自然条件**。本区地处黄土高原丘陵沟壑区和毛乌素沙漠南缘，气候条件多样，从东南到西北，气候依次为暖温带半湿润气候、半干旱气候和干旱气候。该区生态环境脆弱，光热条件充足，降水偏少，干旱频发。海拔1000~1500米，年气温6~14℃，年降水量300~500毫米。

（三）**生产情况**。本区丘陵沟壑纵横，地面支离破碎，土壤瘠薄。本区北部为杂粮春播区，一年一熟，南部为杂粮夏播区，一年两熟，多数地区为传统种植方式，少数地区适宜小型机械化作业。糜子、荞麦、谷子、高粱、燕麦、豌豆、蚕豆、绿豆、小扁豆、草豌豆、鹰嘴豆等抗旱、耐寒、耐瘠薄，曾是本区主要粮食作物，呈区域性分布，具有生产优势，但近30年来种植面积下降幅度大。

（四）**发展对策**。以保护生态环境为中心，充分利用有限的水热资源和土地条件，发挥杂粮生产优势和市场优势，促进用地养地相结合，提高种植效益。

重点作物。因地制宜发展糜子、荞麦、谷子、燕麦、大麦生产，扩大蚕豆、豌豆、草豌豆、小扁豆、鹰嘴豆等豆科作物种植面积。

关键技术。示范推广种子包衣、化肥减量增效、病虫害绿色防控、旱地深松耕蓄水保墒技术，以及糜子精量穴播、荞麦抗旱沟播栽培、有机蚕豆标准化生产、豌豆抗旱节水栽培、绿豆双垄沟播覆膜栽培等技术。

耕作模式。主要有薯类（马铃薯）—谷类（糜子/荞麦/燕麦）—豆类（豌豆/蚕豆/小扁豆/草豌豆/鹰嘴豆）轮作，谷类（糜子/荞麦/燕麦）—油料（胡麻/黄芥）—豆类（豌豆/小扁豆/草豌豆/鹰嘴豆）轮作，绿豆与棉花、玉米、谷子、枣树等进行间作，覆盖、免耕栽培等模式。

四、青藏杂粮区

（一）区域范围。本区主要分布在西藏、青海两省及甘肃、四川、云南部分地区，包括青海、西藏全部，甘肃甘南，四川甘孜、阿坝，云南迪庆等地区。

（二）自然条件。本区位于青藏高原，海拔 2000 米以上，属于高原气候，空气干燥稀薄，太阳辐射强，日照时数长，气温低，降水少；主要农作区年日照时数 2000～3000 小时，年平均气温多在 5℃ 以下，夏季平均气温 8℃～18℃，无霜期 100～160 天，干湿季分明，年降水量在 500 毫米以下。

（三）生产情况。本区土壤瘠薄，生态系统脆弱，农业生产条件差，以传统种植方式为主，适宜中小型机械化作业。本区为杂粮春播区，一年一熟，一般每年 3 月下旬至 4 月上旬开始播种。青稞是藏族居民的主要食物，多数地区青稞种植面积占粮食作物播种面积的 60% 以上，还有少部分种植蚕豆和豌豆。

（四）发展对策。以保护生态环境为中心，充分利用有限的水热资源和土地条件，发挥青稞的生产优势，满足藏区粮食安全需要，推进轮作倒茬，防控病虫草害，提高种植效益。

重点作物。本区是青稞优势产区，要稳定青稞生产，保障藏区口粮供应，适度发展豌豆、蚕豆、荞麦等其他杂粮杂豆。

关键技术。示范推广种子包衣、化学除草、配方施肥、青稞全程机械化、偏温湿区青稞"春改冬"等技术。

耕作模式。主要有豆（豌豆/蚕豆）—麦（青稞）—油菜轮作等模式。

五、西南杂粮区

（一）区域范围。本区主要分布在云南、贵州、四川、重庆、广西等省（区、市），包括云南（除迪庆）、贵州、四川（除甘孜、阿坝）、重庆全部，以及广西百色等地。

（二）**自然条件**。本区属于温带和亚热带湿润、半湿润气候，水热条件较好，丘陵山地和高原占80%以上，海拔1000～2400米，地势起伏大，生产条件差异大。光照条件较差，北部年降水量为500～700毫米，南部降水量1500～1750毫米。地形复杂，岩溶发育广，石漠化严重，农业生态系统脆弱。

（三）**生产情况**。本区杂粮主要有蚕豆、豌豆、芸豆、苦荞、高粱、大麦、薏苡等，以春播为主，同时兼有夏秋冬播，是当地重要的粮食作物。本区地形复杂，地势起伏大，农业立体性强，农业规模化和机械化生产程度较低。中小型机械化生产是发展方向。

（四）**发展对策**。依据国家退耕还林还草政策和本区农业立体性强的特点，因地制宜选择杂粮种类和品种，适当增加山区和旱地的杂粮种植面积，提高杂粮的种植效益。

重点作物。云南与四川相邻的大小凉山及贵州西北部宜发展苦荞、芸豆生产，四川与重庆北部山区宜发展蚕豆、豌豆生产，云南东南部与贵州西南部及广西西北部宜发展薏苡生产，水稻区域利用冬季休闲时间发展冬种蚕、豌豆，烟草种植区发展豌豆种植。

关键技术。示范推广化肥减量增效、病虫害绿色防控、早秋蚕豆高效栽培、反季小粒蚕豆栽培、蚕豆稻后留茬免耕直播、豌豆早秋烟后套作、鲜食蚕豆（豌豆）高产栽培、苦荞小穴点播、苦荞精量条播高产等技术。

耕作模式。主要有蚕豆—水稻轮作，烟草—豌豆轮作，马铃薯—荞麦轮作，豆类—荞麦轮作，蚕豆与马铃薯、小麦、大蒜、玉米等进行间作，蚕豆与烟草、玉米进行套种，硬茬直播、留茬免耕、设施栽培等模式。

农业部小宗粮豆专家指导组全国农业技术推广服务中心

参考文献

［1］毕继业、朱道林、王秀芬：《耕地保护中农户行为国内研究综述》，载于《中国土地科学》2010 年第 11 期。

［2］曹幸壮、郝俊丽：《大力发展优质谷子种植的建议》，载于《现代农村科技》2012 年第 17 期。

［3］柴岩、万富世：《中国小杂粮产业发展报告》，中国农业科学技术出版社 2007 年版。

［4］陈春生：《中国农户的演化逻辑与分类》，载于《农业经济问题》2007 年第 11 期。

［5］陈锡文：《落实发展新理念 破解农业新难题》，载于《农业经济问题》2016 年第 3 期。

［6］陈锡文、韩俊：《中国农业供给侧改革研究》，清华大学出版社 2017 年版。

［7］陈永福、刘春成：《中国杂粮供求：基于局部均衡模型的结构域模拟分析》，载于《中国农村经济》2008 年第 7 期。

［8］程国强：《我国粮价政策改革的逻辑与思路》，载于《农业经济问题》2016 年第 2 期。

［9］程羚：《中国杂粮产业发展现状及对策》，载于《粮油加工》2008 年第 8 期。

［10］程名望、史清华、Jin Yanhong、盖庆恩：《市场化、政治身份及其收入效应——来自中国农户的证据》，载于《管理世界》2016 年第 3 期。

［11］刁现民：《中国谷子产业与产业技术体系》，中国农业科学技术出版社 2011 年版。

［12］丁声俊、蒋慧芳：《发展杂粮特色产业大有作为》，载于《农业

展望》2008 年第 2 期。

[13] 郜亮亮、冀县卿、黄季焜：《中国农户农地使用权预期对农地长期投资的影响分析》，载于《中国农村经济》2013 年第 11 期。

[14] 郭志利：《小杂粮利用价值及产业竞争力分析研究》，中国农业大学硕士学位论文，2005 年。

[15] 国家行政学院经济学教研部：《中国供给侧结构性改革》，人民出版社 2016 年版。

[16] 何宇纳、赵丽云、于冬梅、胡健翔、杨月欣、杨晓光：《中国成年居民粗杂粮摄入状况》，载于《营养学报》2016 年第 2 期。

[17] 侯雪梅、袁仲：《荞麦的营养保健功能与开发利用》，载于《农产品加工》2014 年第 1 期。

[18] 胡豹、卫新、王美青：《影响农户农业结构调整决策行为的因素分析——基于浙江省农户的实证》，载于《中国农业大学学报（社会科学版）》2015 年第 2 期。

[19] 黄祖辉、胡豹、黄莉莉：《谁是农业结构调整的主体：农户行为及决策分析》，中国农业出版社 2016 年版。

[20] 姬永莲、吴丽岗：《甘肃小杂粮生产现状及发展前景》，载于《发展》2009 年第 6 期。

[21] 吉林省人民政府："吉林概况"，http：//www. jl. gov. cn/sq/jls-gk/jlgk/201704/t20170427_2488928. html，2017 年 3 月 22 日。

[22] 籍增顺：《关于山西小杂粮发展的几点反思》，载于《山西农业科学》2007 年第 2 期。

[23] 孔祥智：《中国农家经济审视——地区差异、政府干预与农户行为》，中国农业科技出版社 1999 年版。

[24] 李建兵、侯守国、王彩萍、侯小峰、LI Jian－bing：《山西省谷子生产及产业发展的思考》，载于《山西农业科学》2015 年第 11 期。

[25] 李兴峰、宁亚维、缪铭、王志新、谭斌、贾英民：《中国小米全谷物食品的研究现状及发展方向》，载于《河北科技大学学报》2014 年第 3 期。

[26] 李玉勤：《杂粮种植农户生产行为分析——以山西省谷子种植农

户为例》，载于《农业技术经济》2010 年第 12 期。

［27］李玉勤、张蕙杰：《消费者杂粮消费意愿及影响因素分析——以武汉市消费者为例》，载于《农业技术经济》2013 年第 7 期。

［28］林大燕、朱晶：《从供应弹性的视角看我国主要农作物种植结构变化原因》，载于《农业技术经济》2015 年第 1 期。

［29］林政、唐梦：《农户生产动机行为的实证探析——基于广东样本农户对农业生产力的适应性调查》，载于《中国农村观察》2007 年第 3 期。

［30］刘德宝：《重新认识和构建"小杂粮王国"》，载于《山西农经》2003 年第 5 期。

［31］刘慧、矫健、李宁辉：《我国杂粮价格波动与影响研究》，经济科学出版社 2014 年版。

［32］刘慧、李宁辉：《我国杂粮产业发展状况调查分析——以山西省为例》，载于《中国食物与营养》2013 年第 3 期。

［33］刘慧、赵一夫、周向阳、张宁宁：《北方农牧交错区玉米结构调整进展情况调查》，载于《经济纵横》2017 年第 1 期。

［34］刘慧、周向阳：《基于需求视角的我国杂粮主食化发展分析》，载于《中国食物与营养》2016 年第 8 期。

［35］刘慧、周向阳：《内蒙古马铃薯主食产品及产业开发进展情况分析》，载于《中国食物与营养》2017 年第 2 期。

［36］刘猛、刘斐、夏雪岩、南春梅、李顺国、宋世佳：《中国农户谷子种植意愿及其影响因素分析》，载于《中国农学通报》2016 年第 8 期。

［37］刘猛、赵宇、刘斐、李顺国、夏雪岩．南春梅：《中国富硒谷子产业现状及发展方向》，载于《河北科技大学学报》2015 年第 4 期。

［38］刘帅：《市场交易条件与农户种植行为决策》，中国农业出版社2013 年版。

［39］刘帅、钟甫宁：《实际价格、粮食可获性与农业生产决策——基于农户模型的分析框架和实证检验》，载于《农业经济问题》2011 年第6 期。

［40］刘新智、刘雨松：《外出务工经历对农户创业行为决策的影响》，载于《农业技术经济》2015 年第 6 期。

［41］刘莹、黄季焜：《农户多目标种植决策模型与目标权重的估计》，载于《经济研究》2010 年第 1 期。

［42］马士雄、丁士军：《基于农户理论的农户类型划分方法及其应用》，载于《中国农村经》2013 年第 4 期。

［43］牟少岩、李敬锁：《关于构建杂粮产业化体系的若干思考》，载于《青岛农业大学学报》（社会科学版）2014 年第 1 期。

［44］人民网："白城市打造'东方燕麦之都'"，http：//jl. people. com. cn/n2/2017/0320/c349771 – 29881791. html，2017 年 3 月 20 日。

［45］沙敏、武拉平：《杂粮研究现状与趋势》，载于《农业展望》2015 年第 2 期。

［46］汪阳洁、姜志德、王晓兵：《退耕还林（草）补贴对农户种植业生产行为的影响》，载于《中国农村经济》2012 年第 11 期。

［47］王春超：《中国农户就业决策行为的发生机制基于农户家庭调查的理论与实证》，载于《管理世界》2009 年第 7 期。

［48］王坚强、兰多夫·阿如、成钟：《高粱有效成分药用价值研究进展》，载于《山西农业科学》2015 年第 4 期。

［49］王静、王芳、刘雁南：《中国小杂粮出口的比较优势分析》，载于《世界农业》2014 年第 7 期。

［50］王军锋、周显青、张玉荣：《小米的营养特性与保健功能及产品开发》，载于《粮食加工贵州农业科学》2012 年第 3 期。

［51］王晓娟、祁旭升、王兴荣、苏俊阳：《甘肃省谷子地方种质资源遗传多样性分析》，载于《干旱地区农业研究》2009 年第 6 期。

［52］韦伟、谢小燕、李桂平、任红艳：《铜仁地区马铃薯产业发展现状及对策》，载于《贵州农业科学》2012 年第 3 期。

［53］吴峰、胡志超、张会娟、王海鸥、吕小莲、王建楠：《我国杂粮加工现状与发展思考》，载于《中国农机化学报》2013 年第 5 期。

［54］辛翔飞、秦富：《影响农户投资行为因素的实证分析》，载于《农业经济问题》2005 年第 4 期。

［55］徐玉婷、杨钢桥：《不同类型农户农地投入的影响因素》，载于《中国人口资源与环境》2011 年第 3 期。

[56] 许菲：《中国人最缺的四种食物》，载于《农产品市场周刊》2014 年第 14 期。

[57] 薛彩霞、姚顺波：《地理标志使用对农户生产行为影响分析：来自黄果柑种植农户的调查》，载于《中国农村经济》2016 年第 7 期。

[58] 张碧琳：《甘肃省杂粮生产现状与经营对策研究——以豫兰杂粮有限公司为例》，载于《黑龙江生态工程职业学院学报》2012 年第 3 期。

[59] 张大众、冯佰利：《名优杂粮品牌建设现状与对策》，载于《安徽农业科学》2017 年第 1 期。

[60] 张丽丽：《发展小杂粮产业》，载于《现代农业》2012 年第 2 期。

[61] 张林秀：《农户经济学基本理论概述》，载于《农业技术经济》1996 年第 3 期。

[62] 张雄：《黄土高原小杂粮生产与开发》，中国农业科学技术出版社 2007 年版。

[63] 赵丽云、刘素、于冬梅、何宇纳、于文涛、贾凤梅：《我国居民膳食营养状况与〈中国食物与营养发展纲要（2014～2020 年）＞相关目标的比较分析》，载于《中国食物与营养》2015 年第 8 期。

[64] 赵阳、庄艳、王英杰、葛维德：《黑豆、黄豆、红豆、绿豆中的蛋白质含量比较》，载于《科技视界》2014 年第 20 期。

[65] 中国营养学会：《中国居民膳食指南》，人民卫生出版社 2016 年版。

[66] 中国营养学会：《中国居民膳食指南》，西藏人民出版社 2012 年版。

[67] 钟真、孔祥智：《市场信号、农户类型与农业生产经营行为的逻辑——来自鲁、晋、宁千余农户调查的证据》，载于《中国人民大学学报》2013 年第 5 期。

[68] 朱晶、李天祥、林大燕、钟甫宁：《"九连增"后的思考：粮食内部结构调整的贡献及未来潜力分析》，载于《农业经济问题》2013 年第 11 期。

[69] 朱怡、邹军：《贵州省特色杂粮产业现状与发展对策》，载于《耕作与栽培》2011 年第 3 期。

［70］ Abhijit Banerji, Ekin Birol, Bhushana Karandikar, Jeevant Rampal. Information, Branding, Certification, and Consumer Willingness to Pay for High-iron Pearl Millet: Evidence from Experimental Auctions in Maharashtra, India. *Food Policy*, 2016 (6): 133 – 141.

［71］ Adriana N. Mudryj, Nancy Yu, Harold M. Aukema. Nutritional and Health Benefits of Pulses. *Applied Physiology Nutrition and Metabolism*, 2014, 39 (11): 1197 – 1204.

［72］ Asmat Ullah, Ashfaq Ahmad, Tasneem Khaliq, Javaid Akhtar. Recognizing Production Options for Pearl Millet in Pakistan under Changing Climate Scenarios. *Journal of Integrative Agriculture*, 2017, 16 (4): 762 – 773.

［73］ Aune D. , Norat T. , Romundstad PALl. Whole Grain and Refined Grain Consumption and the Risk of Type 2 Diabetes: A Systematic Review and Dose-response Meta-analysis of Cohort Studies. *Eur J Epidemiol*, 2013 (28): 845 – 858.

［74］ Bardhan, P. and Udiy, C.. Development Microeconomics. New York: Oxford University Press, 1999.

［75］ Barrett, C. B.. Smallholder Market Participation: Concepts and Evidence from Eastern and Southern Africa. *Food Policy*, 2008 (33): 299 – 317.

［76］ Bazzani, G. M.. A Decision Support for an Int Egrat ed Multi Scale Analysis of Irrigation: DSIRR. *Journal of Environmental Management*, 2005, 77 (4): 301 & 314.

［77］ Derek Stewart and Gordon McDougall. Potato: A Nutritious, Tasty but Often Maliigned Staple food. Nutrition and Health Foresighting Free From Reformulation Functional Ingredients, 2012.

［78］ Ellis, F.. Peasant Economics: *Farm Households in Agrarian Development*. Cambridge: Cambridge University Press, 1993.

［79］ Fan Zhu. Chemical Composition and Health Effects of Tartary Buckwheat. *Food Chemistry*, 2016, 203 (7): 231 – 245.

［80］ Giacco R. , Della Pepa G. , Luongo D. . Whole Grain Intake in Relation to Body Weight: From Epidemiological Evidence to Clinical trials. *Nutr*

Metab Cardiovasc Dis, 2011 (21): 901 – 908.

[81] Gómez-Limón, J. A. and Riesgo, L.. Irrigation Water Pricing: Differential Impacts on Irrigated Farms. *Agricultural Economics*, 2004, 31 (1): 47 – 66.

[82] Huylenbroeck, G. V., E. M. U. Campos, I. Vanslembrouck. A (Recursive) Multiple Objective Approach to Analyze Changes in the Utility Function of Farmers due to Policy Reforms. *Applied Mathematics and Computation*, 2001, 122 (3): 283 & 299.

[83] International Potato Center (CIP). Potato Nutrition. http://cipotato. org/roots-and-tubers/nutrition/, 2016.

[84] International Potato Center (CIP). Potato Nutrition. http://cipotato. org/sweetpotato/nutrition-2/, 2016.

[85] IRRI. Annual Report of the Director General, 2005-06.

[86] Jacoby, H. G.. Shadow Wages and Peasant Family Labor Supply: An Econometric Application to the Peruvian Sierra. *The Review of Economic Studies*, 1993, 60 (4): 903 – 921.

[87] Jemal Mohammed, Semeneh Seleshi, Fetene Nega, Mooha Lee. Revisit to Ethiopian Traditional Barley-based Food. *Journal of Ethnic Foods*, 2016 (3): 135 – 141.

[88] John Olwande, Melinda Smale, Mary K. Mathenge, Frank Place, Dagmar Mith. Agricultural Marketing by Mallholders in Kenya: A Comparison of Maize, Kale and Dairy. *Food Policy*, 2015 (52): 22 – 32.

[89] Kentaro Yoshida. An Economic Valuation of the Multifunctional Roles of Agriculture and Rural areas in Japan. *Journal of Political Economy*, 2001 (1): 1 – 57.

[90] Kenya Paul F. McCord, Michael Cox, Mikaela Schmitt-Harsh, Tom Evans. Crop Diversification as a Smallholder Livelihood Strategy with in Semi-arid Agricultural Systems near Mount Kenya. *Land Use Policy*, 2015 (42): 738 – 750.

[91] Klaus Deininger, Sara Savastano, Fang Xia. Smallholders' land ac-

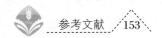

cess in Sub-Saharan Africa: A New Landscape. *Food Policy*, 2016.

［92］ Lin, B. B. Resilience in Agriculture Through Crop Diversification: Adaptive Man-agement for Environmental Ehange. *Bioscience*, 2011, 61 （3）: 183 – 193.

［93］ Ling Li, Tao Yang, Rong Liu, Bob Redden, Fouad Maalouf, Xuxiao Zong. Food Legume Production in China. *The Crop Journal*, 2016 （7）: 115 – 126.

［94］ Lipton, M.. The Theory of the Optimizing Peasant. *Journal of Development Studies*, 1968, 4 （3）: 327 – 351.

［95］ Masresha Fetene, Patrick Okori, Kassahun Tesfaye. *Delivering New Sorghum and Finger Millet Innovation for Food Security and Improving Livelihoods in Eastern Africa*. Nairobi, Kenya, ILRI, 2011.

［96］ Md. Azimuddin, Q. M. Alam and M. A. Baset. Potato for Food Security in Bangladesh. INT. J. Sustain. *Crop Prod*, 2009 （1）: 94 – 99.

［97］ Mendola, M.. Farm Household Production Theories: A Review of Institutional and Behavioral Response. *Asian Dev. Rev.* 2007 （24）: 49 – 68.

［98］ Mohamed Suleiman Mukras, Odondo Juma Alphonce, Gideon Momanyi. Determinants of Demand for Sweet Potatoes at the Farm, Retail and Wholesale Markets in Kenya. *Advances in Economics and Business*, 2013 （2）: 150 – 158.

［99］ Morduch, J.. *Risk, Production, and Saving: Theory and Evidence from Indian Households*. Harvard University, Cambridge, 1993.

［100］ M. Saravanan and S. K. Soam. Exploitation of Minor Millets Genetic Resources for Poverty Alleviation in India. National Conference on Biodiversity and Poverty Alleviation, 22th May, 2010.

［101］ Palanisamy Bruntha Devi, Rajendran Vijayabharathi, Sathyaseelan Sathyabama, Nagappa Gurusiddappa Malleshi, Venkatesan Brindha Priyadarisini. Health Benefits of Finger Millet （Eleusine coracana L. ） Polyphenols and Dietary Fiber: A Review. *Journal of Food Science and Technology*, 2014, 5 （6）: 1021 – 1040.

［102］Pragya Singh, Rita Singh Raghuvanshi. Millet for Food and Nutritional Security. *African Journal of Food Science*, 2012 (4): 77 - 84.

［103］P. Pontieri, L. Del Giudice. Sorghum: A Novel and Healthy Food. Reference Module in Food Science, from Encyclopedia of Food and Health, 2016: 33 - 42.

［104］Regmi, P. P.. National Wheat report, 1985/86, Bhairabhawa, Nepal, 1987 (9): 15 - 36.

［105］Riesgo, L. and Gómez-Limón, J. A.. Multi-criteria Policy Scenario Analysis for Public Regulation of Irrigated Agriculture. *Agricultural Systems*, 2006, 91 (1 - 2): 1 - 28.

［106］Roumasset, J. *Rice and Risk: Decision Making among Low-income Farmers*. North-Holland Publishing, Amsterdam, 1976.

［107］Salvatore Di Falco and Jean-Paul Chavas. On Crop Biodiversity, Risk Exposure, and Food Security in the Highlands of Ethiopia. *Agricultural and Applied Economics Association*, 2009 (3): 599 - 611.

［108］Schultz, T. W.. *Transforming Traditional Agriculture*. New Haven: Yale University Press, 1964.

［109］Stefania Grando and Helena Gormez Macpherson. Food Barrley: Importance, Uses and Local Knowledge. Proceedings of the International Workshop on Food Barley Improvement, 14 - 17 January 2005, Hammamet, Tunisia. ICARDA, Aleppo, Syria, x + 156 pp. En.

［110］S. Pokhrel and S. Pokhrel. Legumes Crop Rotation can Improve Food and Nutrition Security in Nepal. *Agronomy Journal of Nepal*, 2013 (3): 123 - 127.

［111］Taylor, J. E. and Adelman, I.. Agricultural Household Models: Genesis, Evolution and Extensios. *Review of Economics of the Household*, 2003 (1): 33 - 58.

［112］The International Pulse Trade and Industries Confederation (CICILS-IPTIC). Pulse and Food Security. http://www. cicilsiptic. org/pulses. php?id = 21, 2014.

［113］ The International Pulse Trade and Industries Confederation（GPC）. Pulse and Food Security. http：//www. cicilsiptic. org/pulses. php?id=21，2016.

［114］ Thomann A. , Devaux A. , Ordinola M. , Cuentas M. , Urday P. , Sevilla M. , Andrade-Piedra J. . Native Potato Market Chain and Poverty Reduction：Innovation around Corporate Social Responsibility. the 15th International Symposium of the International Society for Tropical Root Crops（ISTRC）will be held in Lima，Peru from November 2 – 7，2009：20 – 27.

［115］ Tomohiro Hayashida, Ichiro Nishizaki, Yoshifumi Ueda, Hikaru Honda. Multi-Criteria Evaluation for Collaborative Circulating Farming with Collective Operations between Arable and Cattle Farmers. *Journal of Multi-criteria Decision Analysis*, 2012（19）：227 – 245.

［116］ Turner R. K. . *Sustainable Environment Economics and Management：Principle and Practice.* Boulder：Westview Press，1993.

［117］ Udry, C. . Gender, Agricultural Production and the Theory of the Household. *Journal of Political Economy*, 1996, 104（5）：1010 – 1046.

［118］ U. S. Department of Health and Human Services and U. S. Department of Agriculture. 2015 – 2020 Dietary Guidelines for Americans. 8th Edition. December 2015.

［119］ World Bank. China：Overcoming Rural Poverty. The Word Bank，Washington，D. C. , 2001.

［120］ World Food Programme. http：//www. wfp. org/nutrition/wfp-food-basket，2014.

［121］ World Heath Organization（WHO）. *Global Status Report on Non-communicable Diseases* 2014. WHO Press Geneva，Switzerland.

［122］ Yudi Widodo, Sri Wahyuningsih, Aya Ueda. Sweet Potato Production for Bio-ethanol and Food Related Industry in Indonesia：Challenges for Sustainability. *Procedia Chemistry*, 2015（14）：493 – 500.

图书在版编目（CIP）数据

我国杂粮产业发展问题研究：基于种植结构调整的
视角/刘慧著. —北京：经济科学出版社，2018.3
（中国农业科学院农业经济与发展研究所研究论丛. 第5辑）
ISBN 978 - 7 - 5141 - 9040 - 3

Ⅰ. ①我…　Ⅱ. ①刘…　Ⅲ. ①杂粮 - 农业产业 - 产业
发展 - 研究 - 中国　Ⅳ. ①F326. 11

中国版本图书馆 CIP 数据核字（2018）第 029410 号

责任编辑：齐伟娜　初少磊
责任校对：刘　昕
责任印制：李　鹏

我国杂粮产业发展问题研究
——基于种植结构调整的视角
刘慧　著
经济科学出版社出版、发行　新华书店经销
社址：北京市海淀区阜成路甲 28 号　邮编：100142
总编部电话：010 - 88191217　发行部电话：010 - 88191540
网址：www. esp. com. cn,
电子邮箱：esp@ esp. com. cn
天猫网店：经济科学出版社旗舰店
网址：http://jjkxcbs. tmall. com
北京季蜂印刷有限公司印装
710 × 1000　16 开　10.25 印张　150000 字
2018 年 4 月第 1 版　2018 年 4 月第 1 次印刷
ISBN 978 - 7 - 5141 - 9040 - 3　定价：42.00 元
（图书出现印装问题，本社负责调换。电话：010 - 88191502）
（版权所有　翻印必究　举报电话：010 - 88191586
电子邮箱：dbts@ esp. com. cn）